李景森近照　　沙小飞摄

李景森简历

李景森，男，汉族，1921年生，福建福州人，中共党员。1991年退休，退休前任广州海运集团（交通部广州海运管理局）教授级高级工程师（经交通部批准为成绩优异的高级工程师）、广东省（广州）航海学会副理事长兼秘书长。

个人履历：

1932—1934年	福建省立第一中学学生
1934—1941年	海军学校（马尾海校）学生
1942—1944年	海军学校学生队队长
1944—1946年	美国海军迈阿密训练中心学员
1946年	海军永泰军舰舰务官（在美国毕业后参与接收该舰并驶回中国）
1946—1947年	海军永兴军舰副舰长（该舰与永泰军舰同时在美国接收并一同驶回中国。作为该舰回国后的首任副舰长，执行的首次任务是代表中国正式前去收复曾被日本占领过的我南海诸岛屿，包括西沙群岛和南沙群岛，当时中国政府除向世界公告，中国已全部收复曾被日本占领过的南海诸岛屿外，还决定将西沙群岛的主岛更名为“永兴岛”，将南沙群岛的主岛更名为“太平岛”，以表彰执行这一任务的两艘主要军舰——“永兴号”和“太平号”。）
1947—1949年	行政院救济总署渔业物资管理局技师
1951—1953年	上海航务学院航海系教师
1953—1960年	大连海运学院教师兼航海教研室主任
1960—1961年	广东航运学院教师兼航海教研室主任
1961—1962年	广东交通学院教师兼航海教研室主任

1962—1965年　交通部广州海运管理局安全监督室工程师

1964—1991年　广东省（广州）航海学会副理事长兼秘书长

1984—1986年　交通部广州海运管理局培训中心主任

1977—1992年　广东省政治协商会议第四、五、六届委员

1978—1996年　中国航海学会第一、二、三届常务理事、学术工作委员会副主任委员、海洋船舶驾驶专业委员会副主任委员、顾问

1978—1996年　广东省科学技术协会第二、三、四、五届常务委员、荣誉委员

1980—2002年　广东省航运学校、广东省交通职业技术学院顾问

1981—1985年　中华人民共和国黄埔港务监督船员考试委员会委员

1989—1990年　海军广州舰艇学院海员三项专业训练顾问

1989年　经交通部任命为武汉水运工程学院广州分院筹备组顾问

1990—1992年　武汉水运工程学院广州航海分部顾问

1990年　全国自然科学名词审定委员会航海科学名词审定委员会顾问委员

1991—1994年　中央气象台海洋气象导航中心航海技术顾问

1991—1997年　广东省（广州）航海学会顾问

编著的书籍：

1955年　《雾中航行》

1957年　《雷达与航海》

1957年　《海上航行注意事项》

1957年　《双曲线系统无线电助航仪器的定位原理和方法》

1964年　《海图作业须知》

主持并参与编著的书籍：

1961年　《航海学》（由大连海运学院主编，为我国高等航海院校第一本《航海学》试用教科书）

1974年　《船舶防台》（由广州海运局主办，各有关单位参加集体编写）

1983年　《海上船舶避碰》

主持并参与翻译的书籍：

1959年　《航海学》（苏联高等航海院校教科书）

参与翻译的书籍：

1958年　《近代航海方法》

1958年　《利用扇形无线电指标在海上测定船位》

1959年　《航海过失》

曾荣获的奖励：

1978年　作为广东省代表团成员，到北京参加由党中央主持召开的“全国科学大会”，光荣地受到邓小平同志的接见并合影

1978年—2010年　获评交通部广州海运管理局“工业学大庆先进工作者”（1978年）、“先进工作者”（1989年）、“科技工作积极分子”（1989年）、“优秀共产党员”（1989年）、“老有所为奉献奖”（2004年、2010年）

多次　获评广东省（广州）航海学会“先进工作者”

多次　获评中国航海学会“全国航海学会工作先进工作者”

多次　获评广东省科学技术协会“全省科协工作先进工作者”

1989年　获国务院侨务办公室、全国侨联授予“全国优秀归侨、侨眷知识分子”称号

1991年　获广东省人民政府授予“广东省关心儿童少年健康成长先进工作者”称号

1991年　获广东省青少年科技活动领导小组和广东省青少年科学基金会授予“广东省青少年科技活动先进组织工作者”称号

1991年　获广东省科学技术协会授予“广东省科协荣誉委员”称号

1991年　获中国科学技术协会授予“中国科学技术协会先进工作者奖”

1993年　获国务院和广东省人民政府分别发给“有突出贡献专家特殊津贴”（终身享受）

2014年　获中国航海学会授予“中国航海学会终身成就”荣誉称号

心住南海

——一位亲历收复永兴岛老人的历史追忆

XINZHU NANHAI

执笔：潘健生

人民交通出版社股份有限公司
China Communications Press Co.,Ltd.

内 容 提 要

本书写的是新中国一位德高望重的航海人的传记。经历可谓传奇，事件也堪称精彩。主人公李景森是梦想的强烈追求者。他13岁入读马尾海军学校；抗日战争期间海校迁到贵州桐梓，毕业后留校任职；23岁赴美留学，两年后，从美国驾舰回国；25岁作为“永兴”舰副舰长率队首登西沙群岛主岛永兴岛，为收复该岛立碑，随舰巡航我国南部海疆直至曾母暗沙，途中登上南沙群岛主岛太平岛，亲身见证二战后我国收复南海诸岛屿的历史；收复任务完成后，他不愿意参加中国人打中国人的内战，毅然决然地离开民国政府海军。新中国成立后，他在祖国航海教育部门和旨在全面提高我国航海科学技术水平的航海学会辛勤耕耘，用毕生的精力实现着自己始终不渝的蓝色梦想。

图书在版编目(CIP)数据

心住南海 ：一位亲历收复永兴岛老人的历史追忆 / 潘健生执笔. — 北京 ：人民交通出版社股份有限公司，2014.6（2020.8重印）
ISBN 978-7-114-11424-3

Ⅰ. ①心… Ⅱ. ①潘… Ⅲ. ①李景森－建自传 Ⅳ. ①K826.16

中国版本图书馆CIP数据核字（2014）第101676号

书　　名：心住南海——一位亲历收复永兴岛老人的历史追忆
执　　笔：潘健生
责任编辑：刘永芬　陈　鹏
出版发行：人民交通出版社股份有限公司
地　　址：（100011）北京市朝阳区安定门外外馆斜街 3 号
网　　址：http://www.ccpcl.com.cn
销售电话：（010）59757973
总 销 售：人民交通出版社股份有限公司发行部
经　　销：各地新华书店
印　　刷：山东龙岳文化传媒有限公司
开　　本：720 × 960　1/16
印　　张：11.75
彩　　插：2
字　　数：128千
版　　次：2014 年 6 月　第 1 版
印　　次：2020 年 8 月　第 2 次印刷
书　　号：ISBN 978-7-114-11424-3
定　　价：38.00元

《心住南海》

编写委员会

主 任 委 员： 卓东明

副主任委员： 廖明东

委　　　员： 刘逊生　林秉中

潘健生　彭新启

执　　　笔： 潘健生

前　言

Preface

《心住南海》这本书讲述了我国航运界前辈对蓝色海洋的梦想，对中国海洋事业的梦想，对保卫祖国海疆、发展祖国海军、发展远洋海运事业的梦想。

我们的祖国有着18000多公里的大陆海岸线，有着星罗棋布的岛屿和港湾，有着许多优良港口。我国是世界上航海事业发展最早的国家之一，在历史上曾是个航海大国。早在2100多年前汉武帝时，就有海船携带大批丝绸、黄金，从雷州半岛起航，途经今越南、泰国、马来半岛、缅甸，远航到印度，去换取这些国家的特产。三国时期孙吴武装船队出海百余艘，随行将士万余人，北上辽东、高句丽（今朝鲜），南下夷州（今台湾）和东南亚（今越南、柬埔寨）等国。吴国灭亡时，有战船、商船等5000多艘。至元、明两代达到极盛，中国的海上运输和船舶建造在那个时期有了很大的发展。600多年明成祖命太监郑和率领240多艘海船、27400名船员的庞大船队远航，走访了30多个在西太平洋和印度洋的国家和地区，加深了明王朝和南海（今东南亚）、东非的友好关系。一直到明宣德八年（1433年），一共出航了有七次之多。郑和下西洋的航行之举远远超过葡萄牙、西班牙等国的航海家，如麦哲伦、哥伦布、达伽玛等人，比他们早了将近一个世纪。堪称是“大航海时代”的先驱。

可是，从元世祖忽必烈开始，由于连年对外征战和失败，先后进行了四次禁海，历时30年。明太祖洪武三年（1370年），为了抵制番货，也禁海近30年。清廷从顺治到雍正实施了40年海禁。到乾隆以后，清廷开始实行全面的闭关锁国政策。中国则因此国力积弱，航海事业的衰败和落后，致使西方列强用坚船利炮侵略我国。自1840年鸦片战争起，到1949年新中国成立的109年间，中国不断遭受帝国主义列强的侵略，逐步沦为半封建半殖民地国家。东西方列强胁迫中国腐败的政府，签订了许多不平等条约，割去了中国大片领土，控制了中国各个对外通商口岸，掠夺了中国沿海和内河的航行权。

蓝色的梦，一百多年来成为我国几代人追求的梦想。本书的主人公李景森是这个梦想的强烈追求者。他13岁入读马尾海军学校；抗日战争期间随海校迁到贵州桐梓，毕业后留校任职；23岁赴美留学，两年后，从美国驾舰回国；25岁作为“永兴”舰副舰长率队首登西沙群岛主岛永兴岛，为收复该岛立碑，亲身见证二战后我国收复南海诸岛屿的历史；收复任务完成后，他不愿意参加中国人打中国人的内战，毅然决然地离开民国政府海军。新中国成立后，他到上海航务学院任教，后随该院迁往大连，进入新成立的大连海运学院任教，并任航海教研室主任，为新中国航海教育开拓耕耘；20世纪60年代初调到广州海运局后，参与创办中国航海学会、广州航海学会并担任学会秘书长。他以极大的热情，认真积极地投入这项工作，克服一个个困难，把学会工作做得有声有色。最为突出的是在“文化大革命”期间，几乎其他所有学会的活动都被迫停顿，广州航海学会（现为广东省航海学会）仍坚持开展学术、安全教育活动。在他的努力下，广州航海学会还开展与国际和港澳台相关学会的联系交流。他呕心沥血地在学会工作27年，为广州航海学会涉及的单位提供了与航海有关的资讯交流、人员培训、安全保障等方面的帮助，名声遍及海内外，硕果累累。2011年，已90岁高龄的李景森发动两岸的老海军校友，组建了设在贵州桐梓的中华民国海军学校旧址陈列馆，重现当年海军救国理想。

我和李景森老师虽然不在同一时期、同一学校读过书，但我就读的吴淞商船专科学校就是后来的上海航务学院，为大连海事大学和上海海事大学的前身。他曾在这两所大学任教。因而，我们也是校友，而他更是我们尊敬的学长。他教过的学生分布在交通运输部、各远洋、海运和航运单位，不少人担任了领导和重要职务，成为骨干力量。几年前他去台湾探亲时，受到抗战期间他在桐梓海军学校教过的，现已是将领的学生们的隆重迎接，场面动人，真可谓桃李满天下。作为校友，我们经常见面，讨论问题，交流见解。我们常问这位学长：为什么他一生始终离不开海洋事业？什么是他的追求？他回答得很简单，但非常认真：我热爱祖国，希望祖国强大；我热爱海洋，希望祖国海洋事业发展。这是我终生追求的蓝色梦想。这就是我们组织编写这本书，想为我国的海洋工作者及后辈留下一笔宝贵财富的原因。

2012年8月，鉴于南海局势日趋紧张，西方及东南亚邻近国家对南海岛屿的虎视眈眈，直接影响到我国主权、领土、海洋开发、航行事业及其他方面的发展与安全。想起在广州——我们的航海界，有两位老前辈李景森和何炳材，曾在第二次世界大战后，亲自参加了“永兴岛”和“太平岛”的命名、竖碑及收复我南沙、西沙诸岛屿的仪式。何炳材已在几年前去世，李景森虽已93岁高龄，仍身体健康，记忆力好，头脑清晰。我和几位原广东船务工程公司的老同志交换意见后，萌生了采访李景森老前辈，收集有关资料和编写该书的想法。经向中远船务工程集团马智宏书记反映，他非常支持，当即表示同意，并布置广东中远船务具体操办。广东中远船务还跃石总经理、李明昕书记也非常重视，和我们研究后，即安排了办公室的彭新启同志具体协助编写工作，并提供了编写出版费用。原广东中远船务的副总经理刘逊生，邀请曾在广东中远船务前身——广远航修站工作过20余年，后调到广州人民广播电台工作的一级文学编辑、中国作家协会会员潘健生执笔编写，成立了由卓东明、刘逊生、廖明东、林秉中、潘健生和彭新启等同志为成员的编辑委员会。去年4月底，我向中远集团新闻传媒中心的领导报告了编写这本《心住南海》的事，得到他们的大力支持，并联系了人民交通出版社股份有限公司出版。为此，在这本书即将出版之际，特向支持、领导本书编写，提供人力、费用的广东中远船务书记和总经理；为本书出谋献策，提供资料和指导的刘逊生、林秉中和吴昌世等老同志，特别是执笔的潘健生同志以及协助编写工作的彭新启同志致以感谢。他们在炎热的夏天，奔走采访，奋笔疾书，在短短四个多月里，完成了第一稿后，经过编委的讨论和书中主人公的建议，又改写了第二稿第三稿第四稿，直至第七稿。在此要向中远船务公司，中远传媒中心热心的领导们，对支持、参与编写的同志们表示衷心的感谢！我们还要特别感谢李景森老前辈，他虽已93岁高龄，却仍能以超人的毅力和记忆力，提供了丰富、完整的资料，并积极地配合采访和认真审稿。所有这些是我们能够成功编写并出版这本书的重要因素。

在本书即将出版之际，正值十二届全国人大二次会议召开。李克强总理在政府报告中强调指出，要维护二战胜利成果和战后国际秩序，决不允许开历史倒车。这表明了我国对拥有南海岛屿主权的态度，他又说，要坚持陆海统筹，全面实施海洋战略，发展海洋经济，保护海洋环境，坚决维护国家海洋权益，大力建设海洋强国。这对我们实现蓝色的梦想，是极大的鼓舞。

我们恳切地希望读者能够喜欢这本书，能从阅读中得到一些启迪和收获，同时希望提出宝贵意见。

卓东明

2014年3月14日

目　录

Contents

第一章

亲历收复“永兴岛”

他第一个登上收复的“永兴岛”

几声炮响，打破了中国南海西北部西沙群岛的宁静，惊起了不远处一座小岛上的一群海鸟。炮弹是由一艘军舰发射向空中的，炮声并不急促。炮弹在蓝色的天空上划了一个弧形，落在蔚蓝的海水上，溅起了几堆浪花。发射炮弹的军舰上写着“永兴”两个醒目的大字。

事情发生在1946年11月24日。这一天，中华民国海军根据《开罗宣言》（附录1）和《波茨坦公告》（附录2），收复自古以来就属于中国的南海诸岛中的一个群岛——西沙群岛。负责执行这项光荣任务的是“永兴”舰和“中建”舰。“中建”舰就停靠在离“永兴”舰不远的地方。刚刚响起的炮声，是接收军舰发射的警示炮，以宣示中国即将履行收复西沙群岛的使命。

在“永兴”舰上，25岁的副舰长李景森正整理着行装，准备率小队下舰转乘刚刚放下去的救生艇。片刻，李景森他们坐在了救生艇上，发动了机器，救生艇向着几百米外的小岛驶去。

“永兴”舰是艘PCE—842型巡逻舰，“中建”舰为L.S.T坦克登陆舰，这两艘舰吃水较深，况且小岛没有码头，只能在离岛200多米处抛锚。

现年93岁高龄的李景森就坐在我的面前接受采访。说起当年这一段历史，李老好像又回到了年轻时，他向我们讲述了事情的前前后后：

1946年，李景森结束了在美国迈阿密为期两年的学习训练，准备回国。

这一年，美国按照《租借法案》[①]，要移交给中国8艘军舰，由这批学习结束的人员驾驶回国。

是年4月，八艘军舰从关塔那摩港启程经巴拿马运河回国，回国的路线是先到古巴，途经巴拿马、墨西哥、夏威夷、关岛、东京、上海，再到南京下关。6月下旬到达上海吴淞口，然后进入南京，接受国民政府整编。整编以后再返回上海江南造船厂进行检修。当时李景森是“永泰”舰的舰务官。

10月下旬，“永兴”舰在江南造船厂完成检修，海军部就接到中央政府的命令，派舰前去收复曾被法国、日本占领过的我国南海诸岛屿。

收复任务由林遵[②]上校任总指挥，姚汝钰任副总指挥。林遵是李景森在海军学校当学生时的队长，也是此次八舰回国的指挥官。这次行动由林遵坐镇“太平”舰，率“中业”舰前去收复南沙群岛；姚汝钰坐镇“永兴”舰，率“中建”舰前去收复西沙群岛。“永兴”舰舰长是青岛海军学校毕业的刘宜敏，是李景森在美国的同学。回国后李景森被升职为“永兴”舰首任副舰长。

---

① 租借法案，是美国国会在第二次世界大战初期通过的一项法案，目的是在美国不卷入战争的同时，为同盟国提供战争物资，租借法案使得美国成为“民主国家的兵工厂”。法案在1941年3月11日生效，对反法西斯战争的胜利起到了积极的作用。第二次世界大战结束后停止执行。

② 林遵（1905—1979）曾用名林准，又名林遵之。福建省福州人，出生于江苏南京。中国海军史上的重要人物，系民族英雄林则徐的侄孙。1924年加入烟台海军学校学习，1929年考入英国皇家海军学院，1934年毕业回国。1946年任国民党海军进驻西沙、南沙群岛指挥官，海防第二舰队司令。1949年4月23日率国民党海军海防第二舰队25艘舰只起义，加入人民解放军，任华东军区海军第一副司令员。新中国成立后，曾任海军东海舰队副司令员，是中国人民政治协商会议第一届全国委员会委员，第一届到第五届全国人民代表大会代表，中华人民共和国国防委员会委员。1955年授予少将军衔，获一级解放勋章。

10月29日，四舰从吴淞口出发，11月1日到珠江口。在广州稍停数日后，即一同驶往海南岛榆林港待命。

由于南沙海域发生风暴等气象原因，中间等待了一段时间，后来改变与“太平”舰一同出发的计划，“永兴”舰和“中建”舰先驶向西沙。

“永兴”舰在到达永兴岛之前，先是巡查了永兴岛周围的大小岛屿和石礁、浅滩，然后才在岛上登陆。

永兴岛是西沙第一大岛，面积1.68平方公里。这个西沙群岛上最大的岛将以李景森他们驾驶的这艘“永兴”舰的名字命名。在接收之前，南沙和西沙一些重要岛屿都已经有自己的名字。

当年的“永兴”舰

他们上岛时，没见到人影，只有一条狗，它见到人，尾巴能弯过来像个指针，后来有人说这狗的品种就叫“POINTER”（指针）。这条狗应该是日本人走的时候来不及带走的，在这里它能找到食物，就活下来了。

永兴岛是在二战中被日本人抢走的。接收永兴岛仪式在11月29日举行，登岛人员在这里立主权碑，主权碑有半米宽、一米高。之后，我国外交部向全世界宣告，西沙群岛现已收回。

1946年二战结束后，中国收回西沙及南沙，是中国人民经过了八年艰苦卓绝抗战的结果，是与全世界人民一道迎来的胜利，它洗刷了中华民族多年的屈辱与不平，还原了历史的本来面目。

1945年7月17日，苏美英三国首脑在柏林近郊波茨坦举行国际会议，决定发表对日最后通牒式公告。公告由美国起草，英国同意。中国当时没有参加会议，但公告发表前征得了中国政府同意。公告于7月26日经美、英、中三国首脑杜鲁门、邱吉尔和蒋介石联合签名发表。苏联领导人斯大林参与会议，但因当时苏联尚未对日宣战，故没有在公告上代表苏联列名签字；8月8日苏联对日宣战后，《波茨坦公告》中添补了苏联领导人斯大林的名字。该公告又称《中英美三国促令日本投降之波茨坦公告》。7月26日发表公告时，中华民国国民政府主席蒋介石也未实际与会，只是签名以示发表。公告以强烈的措辞敦促日本无条件投降。

公告是在法西斯德国已经投降，日军在亚洲太平洋战场屡遭失败，行将彻底崩溃的背景下产生的。它是节节胜利的国际反法西斯阵营和全世界爱好和平的人民对法西斯全面胜利的心声。

但《波茨坦公告》发表后多日，日本人并没有反应。

1945年8月6日，美军向日本广岛投下了第一颗原子弹，8月9日，又向长崎投下了第二颗原子弹。

8月14日上午，日本最高首脑在日本皇宫防空室举行御前会议。日本天皇裕仁考虑“彼我双方的国力战力”，表示如果继续战争，“无论国体或是国家的将来都会消失，就是母子都会丢掉”。8月15日中午，日本天皇的《停战诏书》正式播发，日本终于宣布无条件投降。

这时的李景森正在美国受训。

1946年4月，李景森在美学习完毕，驾舰回国。

回国后，李景森接到的首次任务，就是奉命前往收复曾被日本人占领过的南海西沙、南沙诸岛屿。他觉得自己生得逢时，学得逢时。当国家需要之时，能够以自己最旺盛的青春年华为国出力，代表国家，在全国同胞的瞩目之下收复美丽的海岛。

他脑海里又浮现了1946年11月出发前，时任国民革命军第二方面军司令、军事委员会委员、广东行营主任张发奎上将在广州宴请前去收复西沙、南沙群岛的海军舰队指挥官和4艘军舰的正、副舰长时的一幕。

张发奎说：法国人重返越南，有再染指西沙、南沙群岛的迹象，中国政府决定即速派舰队前去收复，希望你们尽心协力圆满完成任务。广东省也会派专员同去，协助收复工作。

驾驶着“永兴”舰，航行在从虎门前往榆林港再去西沙的途中，南海的辽阔与蔚蓝每时每刻都激励着年轻的李景森。海鸥翻飞，它们追随着军舰，在军舰螺旋桨犁起的银白色的浪带左右盘旋，发出嗷嗷的欢快叫声。这是海鸥们在寻找被螺旋桨击昏的小鱼。海军将士们喜欢这欢快的叫声，因为它迎合了他们此时此刻的心境。

逐渐，海的上空出现了一群群美丽的鲣鸟，白色的腹部，红色的脚，一副纯洁而热情的样子。它们成群地飞翔。海军将士们知道，鲣鸟出现，说明目的地临近了。这种鸟被航海者称为“导航鸟”。

终于到达目的地了。无数鲣鸟飞翔的附近，就是西沙群岛最大的岛——永兴岛。

哦，灌木之外的岛上，白茫茫的一片，厚厚地堆积着，那是什么?

有人说，那是长年累月积下来的鸟粪。

是吗?

很多人不相信：有这么多吗?

然而这确实是鸟粪。是西沙群岛的宝贵自然资源。

新中国成立后，为了解决当时国家农业肥料不足的问题，广州海运局曾经派出几条货船，到这里装载了几万吨的鸟粪回到大陆。

而据记载，日占时期，日本人也在此运走过不少鸟粪。

“永兴”、“中建”两舰抵达永兴岛的确切时间是1946年11月23日，由于永兴岛附近遍布礁石，两舰抵达后在周边海域抛锚。24日，舰长指令副舰长李景森带领若干名水兵，坐着从舰上放下的救生艇登岛。

救生艇发动了，隆隆的机器声划破了南海的宁静，犁起欢快的浪花，直驶岛上。

作为副舰长的李景森第一个从救生艇上岸，踩着齐小腿深的海水，一步一步走向小岛。

李景森踏上水下的沙土时，有一种神圣的感觉。他知道，他踏上的是失去了多年而现在重新回到祖国的领土！此刻他不仅仅是一个人，后面是祖国四万万五千万同胞及海外侨胞。他突然想起了1945年8月15日在迈阿密听到第二次世界大战胜利那一难忘的时刻，看到历尽苦难的同胞满眼热泪的欢呼，听到法西斯阵营终于败在世界爱好和平的人民手下时那种兴奋与激动，报纸照片画面上是多少泪流满面的面孔！是啊，中国人民过去八年的浴血奋战，无数抗日将士抛头颅洒热血，不就是为了赶走侵略者，夺回被霸占的，原来就属于我们的土地？现在终于做到了，这具有历史意义的使命就落在自己的身上，这是何等的神圣和荣耀！如果这片领土有知，它一定会像游子回到母亲身边一样满眼泪水。现在，这片久违的土地就在自己脚下，踏踏实实地在自己脚下。一种民族的自豪感油然而生，他感到憋在胸口的闷气终于得到了抒发。沐浴着头顶上照耀下来的阳光，他深深地吸了一口从岛上吹来的，带着绿色灌木和蓝色南海阵风融和的特别清新的空气，情不自禁地昂起头喊了一声：

"南海，西沙，永兴岛，我们回来了！"

为了庆祝领土的回归，从11月23日开始，"永兴"舰上下一片忙碌，他们准备着回归庆典仪式所需的一切。五天以后，即1946年11月29日，由坦克登陆舰"中建"号放下的登陆艇，将载着刻有"永兴岛"三个字的主权碑搬到岛上并竖立起来，由"永兴"舰和"中建"舰两舰部分官兵组成的队伍，衣装整齐，精神奕奕地在岛上举行了简单而隆重的收复永兴岛仪式。随着幕布的揭开，"永兴岛"主权碑显现在人们眼前。

欢呼声随即响起，从海岛一直扩至辽阔的南海碧波上。在这同时，中国外交部向全世界宣布，永兴岛及整个西沙群岛正式回归中国。

虽然这是一个现在看来并不显隆重的时刻，但却是一个载入了史册的时刻。

此时，另一艘军舰正在规划着向距离西沙714公里的南沙太平岛的接收行程，太平岛和永兴岛是南海西沙和南沙最大的两个岛屿。将士们正关注着气候的变化。12月9日，“中业”“太平”两舰抵达南沙太平岛，舰队由林则徐的后人、著名海军将领林遵率领，成功接收祖国的宝岛——太平岛。令笔者感慨的是，“太平”舰副舰长，就是当年与李景森同往重庆应试，考取赴美接舰资格，一同在美国迈阿密接受培训，然后又一同驾舰回国，年长李景森两岁的学长何炳材。他正扮演着与李景森相同的角色，以副舰长的身份带领先头登陆小组，第一个登上收复后的太平岛。而这两位应该被载入中国南海史册的人物，中华人民共和国成立后，一同投身祖国的海运事业，同在广州海运局任职，同为航海学会作贡献。李景森说过，他们两人共事几十年，经常会想起当年收复永兴岛和太平岛的情况，也深感至今两个岛屿仍由两岸分治的遗憾。他们都有一个梦想，就是希望祖国统一的这一天早日到来。可惜这位首先登上太平岛的何炳材副舰长，前几年已不幸辞世，永远离开了我们。

太平舰原副舰长何炳才

李景森向我们这样描述当年登上永兴岛时的境况：

他们来到永兴岛，其兴奋的心情就不用说了。岛的周围遍布珊瑚礁，无数的热带鱼类在水下自由自在地畅游，完全没有防备的样子。他们流连忘返，在岛上漫步，看茂盛的绿色植物，看海鸟在头上盘旋，欢叫。

永兴岛曾名“林岛”，因岛上林木深密得名。岛上最多的是椰树，一排排站立在海边，迎风婆娑；而亭亭玉立的枇杷树，则张开厚大的叶子在阳光下闪耀；羊角树、马凤桐、美人蕉、马王腾等，争妍斗丽；野蓖麻、野棉花更遍地皆是。岛上还有日本人占领时留下的旧炮楼残址。

离别在即，他沿着海边，迎着海风，依依不舍。

眼前的美景让他陶醉。这是自己国家的领海，这是曾经被外国人侵占的美丽的南海。

李景森告诉我们，仪式都完成以后，他们就离开了永兴岛，驾着“永兴”舰朝着广州方向回航。不过在他的脑海里，永兴岛上的景色好像刻印在他的脑海里，怎么也挥之不去。

西沙群岛北岛上的清代石碑

永兴岛海底世界

今日永兴岛全景鸟瞰

接收南沙群岛仪式（1946年）

1947年第二次巡航南海诸岛

完成接收永兴岛的任务以后，“永兴”舰回到广州。但李景森总是回忆起南海的美丽景象：蓝色的波涛，绿色的灌木，成群的海鸟，怡人的海风……可以说永兴岛让他魂牵梦绕。

接岛任务完成后，永兴舰又接到另一项任务，就是在珠江口进行稽查缉私。“永兴”舰于是留守在虎门，对来往珠江口的各类有走私嫌疑的船只实施缉查，这项工作前后大概进行了三个月。之后“永兴”舰又接到再次南下巡航的命令，这次任务使李景森有机会把整个南海走了个遍。

美丽的南海

1947年5月间，李景森和战友们驾驶着永兴舰在南沙、西沙及南海其他岛礁巡逻。当时的南中国海，季风开始转换，正是航行的黄金季节。5月18日，由“永兴”舰担任指挥舰，和中业舰组成编队从黄埔港启航。除了巡航任务外，还为驻在南海岛礁的部队运送补给品和更换部分守岛人员。此次随舰同去的还有广东省政府人员和《大公报》记者。

“永兴”舰从5月18日启航，经过三天的航程，5月21日，编队驶进南沙群岛海域。

这一天天清气爽，没有大风，但是涌浪很大，编队仍然保持着队列，永兴舰首先减速向第一站太平岛靠近。

太平岛的礁盘伸出约1000米，礁盘边缘，波翻浪滚，水花四溅。军舰锚泊在礁盘外面，作为副舰长的李景森再次带领着水兵分队涉水登岛。

太平岛鸟瞰

岛上有浓密的麻枫桐矮树丛，有高高的椰子树，还有我们的渔民种下的香蕉和木瓜。岛上有大陆常见的土地庙，神主牌位上写着“福德土地龙神之位”。

时至黄昏，礁盘泛着夕阳，金黄色的阳光照在露出的珊瑚礁和深浅不一的海面上，因色彩相异而绚丽多彩。

令人格外惊喜的是岛上竟有一口水井，井里出来的是淡水，宝贵的淡水！他们用井水冲洗了疲倦，然后深深地喝上一口！

从太平岛离开，“永兴”舰在北纬3度36分至11度57分，东经109度6分至117度50分的广阔海域巡航。

南沙群岛的中部，岛礁散落，时隐时现，水流变化多端，历来被称作危险海区。“永兴”舰小心而勇敢地继续航行。

船至安波沙洲，此洲从空中鸟瞰极像一块绿玉，在阳光下与周边的黛色海水相映，美得令人窒息。军舰所至，惊起一大群海鸥和鲣鸟，在岛的上空盘旋数周之后，它们可能觉得所来之客并无侵犯之意，于是又安下心来，次第降落在羊角丛的绿色树巅上，或梳理羽毛，或张嘴叫唤着同伴。

岛上依然覆盖着厚厚的鸟粪。在平缓之地，有渔民搭起了简陋的寮棚，他们多是海南岛的渔民，到此周边的辽阔海域来捕鱼捞参，这里就是他们的歇息地。

曾母暗沙，南沙群岛的边缘，一大片适淹礁隐伏在水下。这里是南沙群岛的最南端，“永兴”舰还经过郑和群礁、景宏岛、费信岛、马欢岛和尹庆群礁，这些以郑和及其助手名字命名的岛礁，令人想起郑和宝船舰队七下西洋航经这里的情景。康泰礁，朱应礁，更记载着公元226年三国时期吴国孙权派朱应和康泰出使扶南的史实。扶南即今天的柬埔寨和越南南部。他们在出使途中，实地考察了南沙群岛，指出这里是熄灭了火山盘石上长出珊瑚形成的珊瑚洲。

而双子群礁和中业岛更给人留下深刻的印象。

双子群礁四周是浅水环礁，景观优美，物产丰富。以“中业”舰命名的中业岛是南沙群岛中露出水面的第二大岛，岛上有淡水井，有棕榈树丛、灌木和杂草覆盖，全岛一片绿色。海南岛的渔民常年在这里捕鱼、捉龟、捞参。他们长住在岛上，从海南岛运来粮食和淡水，再把晒干的海龟肉和海参运回海南岛。他们过着艰辛劳作，物资匮乏的生活，经年受到台风、海浪和大潮的吹打、冲击。但这是他们谋生的地方，也是他们的家园。虽然艰苦，但他们热爱这里，不离不弃。

随永兴舰在南海巡航一周，李景森感触良多。

南海的富饶美丽，先人的足迹，当今国人的耕海劳作，让他更感觉到收复南海的意义。这里自古以来就是中国的领海，然而过去国势不振，海上军力衰弱，竟使这片领海在近代历史上被外敌非法侵占，这是多么屈辱的历史！

“让这样屈辱的历史在我们这一代人手中终结！让它永远成为过去！”

这就是此刻李景森所想的。

既登上过永兴岛，又登上过太平岛的人

既登上过永兴岛，又登上过太平岛的人非常少，而李景森正是这极少数人中的一个。他向我们讲述当初在不到半年的时间，有幸登上这两个岛时的心情：“既感到荣幸，又感到遗憾。”这

自然是与两岛迄今仍由海峡两岸分别管治的状况有关，现在要同时登上这两个岛有困难了。

西沙群岛的主岛是永兴岛，南沙群岛的主岛是太平岛。当初南海巡航到达南沙太平岛，李景森看到的，都是中国海南岛的渔民在此海域辛勤捕鱼作业的生活状态，他们勤劳艰辛。登上太平岛后，他所见到的也都是我们的渔民在这里生活的陈迹，有挖的水井和建起来的小庙。除了太平岛上遗留被炸的，日军在占领期间所建的住房外，没有看到任何外国人曾在这座岛屿上居住和活动所留下的痕迹。而更让他记忆犹新的是，他在南沙群岛上拣到的一枚钱币，是明代永乐年间的。这一切都无可辩驳地证明，南沙群岛这些岛屿是中国人最早发现和长期使用的。

南沙太平岛主权碑（1946年立）

由此我们理解了李景森对登上过两岛的兴奋根由和感慨之情。他相信今后两岸人民一定可以自由地登上两岛。在我们采访他并称要编写一本书的时候，他坚定地认为此书一定要有一个副标题：南海自古以来就是中国的。

但是多年以来，南海经历了风风雨雨，周边邻国不断染指南海诸岛。指使民间偷偷摸摸企图占有让其成为既定事实者有之，以军事占领的手段强行夺取者有之，罔顾国际法和我国的反对独自开发南海海底资源者亦有之。总之，几十年来，南海没有平静过。而李景森对南海的关注也一直没有停止过。

20世纪80年代，为了解决海洋争端，我国政府确定了“主权归我，搁置争议，共同开发”的方针。2002年11月，我国与东盟国家签署了《南海各方行为宣言》（附录3），寄望能将南中国海建立成联系中国与东盟国家的“和平之海，友谊之海，合作之海”。但美好的愿望往往与事实相违背，在此不得不提起以下三件往事，即西沙自卫反击战、南沙赤瓜礁之战和黄岩岛事件。

西沙自卫反击战

1973年3月，美国与越南南北三方签订了结束印度支那战争，恢复越南和平的《巴黎协议》，美军从越南退出，撤走时将一批军舰和军事装备交给了南越西贡集团。8月开始，南越军舰进入我西沙海域，不断驱赶和抓捕中国渔船，企图占领我西沙群岛，并不顾我国警告，于1974年1月15日派出一艘2000多吨的驱逐舰，两艘1200多吨的护航舰和一艘600多吨的炮舰窜进我西沙海域。为了保护渔业生产，宣示主权，我南海舰队派出了两艘300

多吨的猎潜艇和两艘扫雷舰，前往西沙永乐群岛海面巡逻。1月19日，南越军舰凭着其吨位大，火炮多，口径大的优势，以为中国几艘小型巡逻舰艇可欺，派兵强行登上我琛航、广金两岛，炮击我守岛部队，攻击我巡逻编队，我军被迫自卫还击，西沙自卫反击战由此展开。

战斗开始后，我海军军舰虽小，但机动灵活，舰员英勇顽强，不怕牺牲，尽量逼近越舰，发挥小口径火炮威力，压制越舰甲板的火炮和指挥系统。开战一个多小时后，我军又赶来两艘猎潜艇，经过四个多小时激战，将南越炮舰“怒涛”号击沉，南越其他三舰受重创逃离。我支援部队登岛后全歼越军，俘虏其48人，收复被占的甘泉、珊瑚、金银三岛，重新控制西沙群岛，创造了我海军以小胜大、以弱胜强的海战范例。

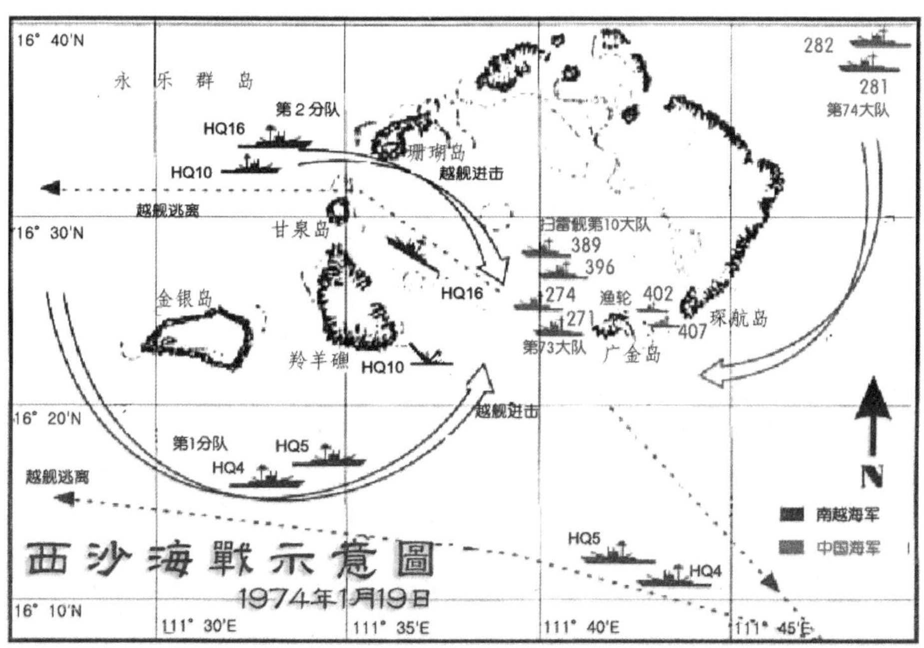

西沙海战示意图（1974.1.19）

南沙赤瓜礁之战

1958年9月4日我国发表了《中华人民共和国政府关于领海的声明》。十天后，越南总理范文同即致电我国周恩来总理，声明越南民主共和国政府承认和赞成中国政府的声明，承认南海西沙群岛、南沙群岛是属于中国的岛屿。中国援越抗美，使越南于1975年实现了统一。但越南政府接收了南越政权以前侵占的我国南海的一些岛礁后，开始改变立场，并不断扩大其侵略范围。1987年2月联合国教科文组织政府间海洋学委员会通过“全球海平面联测计划”，委托中国政府在南沙永暑礁建立海洋观测站。1988年2月中国开始在永暑礁施工，越南得悉后，即派军队前来阻挠，并抢占永暑礁周围岛礁。1988年3月14日又派一艘坦克登陆舰、两艘武装运输船运送器材修筑工事，在强行登上我赤瓜礁时，向我守岛部队开火。我在附近警戒的三艘护卫舰为保护施工和守岛部队立即进行还击，经50多分钟战斗，击沉越武装运输船

建在南沙永暑礁上的海洋观测站

两艘，重创越登陆舰一艘，俘虏越军40余人，以微小代价取得这场小规模战斗的胜利。永暑礁的海洋观测站虽然已经建立起来，但目前周围的一些岛礁仍被越南军队侵占。

黄岩岛事件

黄岩岛是中沙群岛唯一露出水面的岛礁，自古以来就是中国的领土，附近水域是中国渔船的渔场，岛内潟湖是我渔船避风地。但多年来菲律宾经常来骚扰，抓扣我渔船、渔民。2012年4月10日，我十多艘渔船在黄岩岛潟湖内作业时，菲方竟然派出军舰，动用武力前来抓捕，我国海监和渔政船闻讯赶去阻止时，菲方又派来多艘船只与我对峙，引发了这次世界瞩目的黄岩岛事件。现在虽然黄岩岛为我控制，但菲方纠缠不止，增购军力与我对抗并企图将事件国际化，一些外国势力又染指南海。

当我们与李景森谈到这些事的时候，无不感慨，南海风波不止，捍卫我南海主权任重道远。

黄岩岛礁

上述三次关于南海争端的战争或事件，其中西沙之战，国内有一些报道称，西沙海战时我海军东海舰队有三艘军舰通过台湾海峡去西沙支援，有人报告了蒋介石，蒋介石只说了一句话："西沙战事紧呀！"，表示对大陆对越作战的理解和支持。还有《羊城晚报》2010年10月24日也登过一篇《两军镇太平》的文章，其中说："洛杉矶著名政论家摩西称，他在蒋介石的大溪官邸发现了蒋当时的手令，其中写道：'查我东海舰队，赴西沙作战，沿线我国军，开放航道，太平岛军医院随时待命救治西沙之战伤员……'于是台湾方面按指令将引航设施开放，让大陆解放军安全迅速通过。"

对以上所述，尚未见两岸官方证实，作者对蒋所谓手令也存疑惑。蒋素来严谨，怎么会将解放军海军称为"我东海舰队？"只有港口和狭水道才会划分航道，台湾海峡最窄处也有130公里，哪来的航道开放？太平岛在南沙，与西沙相隔800公里，如何救治伤员？这都是破绽，是否真有其事，只有等待台湾方面将来解密和留给研究历史的去考证了。但无论如何，南海诸岛自古以来就是中国的领土，维护国家领土的完整，保卫国家主权，是两岸中国人民的责任，不容置疑。

今日西沙

2012年7月17日，涉及岛屿面积13平方公里，海域面积200多万平方公里的三沙市人民代表大会筹备组成立。

2012年7月24日，海南省三沙市成立。

新华社报道：设立地级三沙市，是我国对西沙群岛、中沙群岛、南沙群岛的岛礁及其海域行政管理体制的调整与完善，有望弥补南海行政建制与管理、资源开发与保护等诸多短板，掀开了我国南海维权和开发的历史新篇章。南海行政管辖步入了历史新阶段。

为维护祖国的南海权益和发展航海事业奋斗了大半辈子的李景森，看到这一消息十分欣慰，他立即向三沙市领导写了报告，希望能有机会在有生之年，再为祖国南疆出一份力。

永兴岛上的岛名碑

三沙市的成立揭开了南海管理新的一页，它已经替代三亚，成为我国领土最南端的地级市，也是我国最年轻、陆地面积最小、管辖总面积最大、人口最少的地级市。至目前为止，西沙群岛常住总人口3500人，流动人口25000人。而三沙市所在的永兴岛，面积2.1平方公里，常住人口833人。建市以后，当地大力发展旅游业，不断有人前往拍照，媒体也刊登人们在岛上与永兴岛碑石的留影。

李景森看到了永兴岛的照片，特别是看到竖立的碑石上写着“海軍收復西沙群島纪念碑　中華民國三十五年十一月二十四日張君然立”。又引起他的一段回忆，他告诉我们：

其实照片中的这块碑并不是当年他们竖立的那一块。当时的碑只有“永兴岛”三个字，面积也没有那么大。为什么说现在这块碑不是他们接岛时竖立的？因为他记得主权碑是由南京政府统一制作，与太平岛的碑同一个样式。而且，作为政府所立体现主权的碑，不可能以当时随舰的一个参谋署名竖立。可惜当时他们没有照相器材，未能留下照片。现在这块碑，是后来被民国政府任命为第一任西沙群岛管理处主任的张君然在1947年后重新竖立的。张君然作为接岛的成员之一，后来担任了七年西沙群岛管理处主任职务，为守岛和管岛作出了重要贡献。李景森推测，1947年初越南人还有法国人曾经登上过该岛，虽然都被我守岛官兵赶走，但原来的碑可能就是在这个短暂的时间内被破坏并挖走。现在人们看到的碑正是后来由张君然立的。

1947年竖立的碑石

翻阅各方材料，确实发现了在1946年11月29日收复西沙以后，曾经有过法国人侵犯我国主权上岛的记录。据《中华文史资料文库》第六册记载：

1947年1月16日，一架法国飞机飞临永兴岛上空侦察。18日上午，法舰“东京人”号驶抵永兴岛，派官兵登陆，要求我驻守人员撤退。李必珍台长（当时我方在永兴岛上设海军电台一座——引者注）即严词拒绝，并斥令法军立即退走，全岛随即进入紧急备战状态。法军离岛后，法舰仍停泊在永兴岛海面，约24小时才撤离。

后据巴黎外电报导说，法军自永兴岛撤走后，随即驶往珊瑚岛登陆。对此次法军进犯西沙事件，海军总司令部于1月18日电令李台长坚守国土，妥为应付，并命令进驻舰队准备支援。当时外交部和国防部曾分别向法国提出质询和抗议，及谴责法军侵犯我领土的行为。[①]

南沙群岛有多少岛礁和海域被侵占?

中国最早在公元前二世纪的汉武帝时代，就通过航海实践发现了南沙群岛；唐宋以来，中国人民已在南沙生活和从事捕捞等生产活动；宋代，中国将南沙群岛命名为万里石塘；在此之前的汉代，泛称包括南沙群岛在内的南海诸岛为琦头；此后至清代，又有万里长沙、千里石塘、石塘等名称。明、清两代中国政府明确将南沙群岛划归广东琼州府（今海南省）管辖。1909年，李准就曾率船队在南海巡航，向全世界宣示主权，海图、史料更记载了历代中国人在南海活动的足迹，证明了南海自古以来就是中国领土这一事实。

可是到了近代，特别是在20世纪70年代以后，越南、印度尼西亚、菲律宾、马来西亚、文莱等声称对南海拥有主权，甚至大部分的岛屿还被越南等实际占领，这是最不能让人容忍的。

目前南沙群岛的实际控制情况如何呢？除中国大陆和台湾控制少数岛屿外，很多岛屿均被越南、菲律宾、马来西亚等国侵占。

这些历史事件都是从20世纪60年代开始，特别是70年代迄今

① 张君然：《解放战争纪实：收复西沙南沙群岛》，收于《中华文史资料文库》第六册第76–78页，中国文史出版社，1996年版。

所发生的。到1991年底，除我军控制的6个礁和台湾控制的太平岛外，其他44个岛礁分别被越南、菲律宾和马来西亚侵占。

越南：越南对我国南沙群岛的侵略始于前南越西贡政权。西贡政权在1956至1971年期间多次派船入侵南沙群岛，并发表对南沙拥有主权的声明；1973年7月至1974年2月先后侵占南沙群岛的鸿庥岛、南子岛、敦谦沙洲（沙岛）、景宏岛、南威岛和安波沙洲，并派军驻守；1975年2月14日发表的白皮书，声称对西沙和南沙群岛拥有“主权”[①]。越南与中国双方在南沙群岛的归属问题上本来并不存在争议，在1974年以前，越南方面无论在政府的声明、照会中，还是在报刊、地图和教科书中，都正式承认西沙群岛和南沙群岛是中国领土。可是自1974年后，越南自食其言，态度发生了根本变化。

1975年4月越南在解放西贡的同时，占领了原西贡政权占据的南沙6个岛屿；5月越南报纸刊登越南全国地图，把我国南沙群岛划入其版图，并改名为“长沙群岛”。1982年12月，成立“长沙县”，划归同奈省管辖；后又划归庆和省。越南还于1979年9月和1982年1月先后发表白皮书，声称对我国西沙和南沙两群岛拥有全部主权。其所谓论据主要有两个：一是1933年以后法国殖民当局和南越西贡政权侵占中国南沙群岛的“国家继承”，二是一些越南“古籍资料”。从1975年4月至1991年11月，越南先后共侵占南沙岛礁27个。它声称拥有南沙全部海域。迄今，越南已完成对南沙岛礁的军事控制部署；加强所占岛礁的基础建设，增强岛礁防御作战能力，同时加紧对油气资源的掠夺。[②]

菲律宾：早在1946年，菲律宾就对南沙群岛提出过主权要

---

①② 引自百度百科。

求。1956年菲“探险家”到南沙一些岛礁活动，将这些岛礁命名为“卡拉延群岛”。1978年6月11日，菲总统签发1596号总统法令，正式宣布“卡拉延群岛”归菲所有。其主要论据是：这部分岛屿原为“无主岛屿”；这些岛屿离菲最近，对菲的国家安全与经济发展至关重要。

菲在1970年至1980年期间采取军事行动先后侵占了马欢岛、南钥岛、中亚岛、西月岛、北子岛、费信岛、草沙岛、司令礁8个岛礁。目前，菲已在所占岛礁上修建了两个小型空军基地，将3个岛礁建成陆军基地，并改善所占岛礁设施，提高岛礁的防御能力。菲政府还相继单方面宣布了一些海洋立法，规定200海里经济专属区，将我国南沙东部41万平方公里海域划入其领海。

马来西亚：1978年马来西亚派一支小型舰队到南沙群岛南端的部分岛礁活动，并树立“主权碑”。1979年马出版新地图，将上述岛礁和南沙27万平方公里的海域划入其版图。1980年马政府单方面宣布200海里专属经济区。从1983年到1986年，马先后侵占了弹丸礁、南海礁和光星仔礁，还在6个岛礁上竖立了“主权碑”。1999年，马来西亚又侵占了榆亚暗沙和簸箕礁。马侵占和分割南沙岛礁和海域，主要借口是这些小岛位于马来西亚的大陆架上。但这是站不住脚的，因为大陆架延伸不应损害他国领土主权。

文莱：文莱对南沙问题所持的观点和立场，主要是围绕马来西亚的主权要求展开的。1981年文莱对马来西亚1979年新版地图所确定的两国间的大陆架分界线提出了责问和抗议。文莱认为，两国间大陆架分界线的确定应采取“中线原则”。文莱已宣布200海里专属经济区，并发行了标明海域管辖范围的新地图。文莱声称对南沙群岛岛链西南端的路易莎礁（即我南通礁）拥有主权，并分割南沙海域3000平方公里。文莱是对我南沙部分岛礁提出主权要求而唯一未派兵进占的国家，但对掠夺南沙油气资源不甘人后，目前已开油田 9个，气田5个，年产原油700多万吨，天然气90亿立方米，并拟进一步扩大。①

无海权则无国家，无海权者无大国，甚至可以进一步说，若无强大的海权，当代中华民族复兴的事业前途也不会有坚强、可靠的保障。

关于中国的海洋权益如何保障，李景森对我们表示：

500多年前，郑和在28年间，七下西洋。宝船舰队最多时装备着62艘船，2～3万人，规模之大，航程之远，比他晚了半个多世纪的哥伦布，无法望其项背。1492年哥伦布从西班牙巴罗斯港开始美洲航海探险，最大的船圣玛利亚号不过250吨，人不满100，但成就了发现新大陆的壮举，而郑和终究不能成为新大陆的发现者，为什么？症结在于缺乏一个正确的海洋战略指导思想。我们为郑和的胜利而骄傲，更需要反思，加强我们民族的海洋意识。应当让人们，特别是青少年懂得，中国不仅是一个大陆国家，也是一个海洋国家。我们的国土960万平方公里，还有不可忽视的近400万平方公里的海洋！南海维权任重道远。只要我还活一天，我就要告诉全世界，告诉我们的下一代历史的真相。我还要呼吁：为了保卫祖先留给我们的国土和海疆，必须建设一支强大的海上武装和空中力量，要发展航海教育，千方百计使下一代建立海洋意识，从小就培养他们的蓝色梦想，为祖国成为海洋大国、强国奋斗。

---

① 资料来源：主要参照国家海洋发展战略研究所课题组《中国海洋发展报告》，海洋出版社，2007年版，第16页。

第二章

少年军校生

13岁考入马尾海军学校

李景森是怎样走上从军道路的？为什么要当海军？他受到哪些影响？当时的社会背景如何？这些都是人们所关心的。当被问及这些过往的时候，李景森的话匣子一下子打开了，他告诉我们：

那是近80年前的事了。那一年应该是1934年，他刚读初二，在家人的鼓励下，经过自己的思考和选择，决定报考马尾海军学校。

考进海军学校时，他是年纪最小的一个。

照理说这很难，因为一来他未到规定年龄，二来有些课程他是没学过的。但他还是考上了，为什么呢？

这要先说说当时李景森家里的情况。李景森的父亲有两个兄弟，祖父早已去世，祖母还在，三个兄弟相邻而居，关系十分亲密。父亲和伯父经商，叔父毕业于保定陆军军官学校，曾跟随蒋介石参加北伐战争，后来退出军队到地方工作，当时正赋闲在家。平时叔父十分关心兄弟各家子弟的读书问题。此次马尾海军学校招生的消息也是他最先得知的，可惜已过了福建省的报名限期，于是他就托在华侨事务委员会工作的朋友，让李景森以华侨子弟的身份前去报考。

叔父为什么一定要李景森报考马尾海军学校呢？因为当时在福建能考上马尾海军学校，就像现在考上了北大、清华那样光荣，而且读完以后出来的待遇要比一般人好许多。为了让他能考上，叔父真的花费了很多心思，除了平时的教育，临考前还亲自带他到南京去候考，当了一个月的陪读，目的就是为了保证万无一失。

叔父找到了不少前几届招考时的题目，让他去准备，并写了许多篇可能会与考试作文题目相似的文章，叫他去背诵。甚至还去买了一张“E”字视力表，也让他去背，这实在太难了，后被他谢绝。

叔父的文笔很好，李景森背了好多篇叔父写的文章，其中一篇的题目是《有志竟成》。说来凑巧，那次考试的作文题目正好与此相同。所以考试时他不用起稿就直接写了下去，结果他是所有考生中第一个交卷的。

当时海军部部长陈绍宽也在场监考，他觉得很奇怪：为什么这个个子最小的学生却第一个交卷？就叫李景森上前去问话，于是李景森就向监考席走过去，边走边听到他跟旁边的人说：

“这个小孩有秀才的水平。”

然后他叫李景森把手给他看了一下，问道：

“你为什么长得这么矮？”

李景森当时才读初二，报上去的年龄是14岁，其实只有13岁。而其他人都比他大，个子都比他高，有的甚至到了17岁，个子高出一大截，他是最矮的一个。听到监考官叫他过去问话，李景森其实心里有点怕，但他那时还小，不知道厉害，于是好像没事一样走过去说：

“我也不知道，我生出来就这么矮嘛。”

可能是因为他的作文写得很好，其他题目因有准备也都还行，加上看他一副诚实却又不失机灵的样子，还有点自信，最后被录取了。

李景森就是这么传奇地考入了马尾海军学校，而且成绩还名列前三。

马尾海军学校是一所十分著名的海军院校。说它著名，是因为它的历史及培养出来的学生对近代中国的重要影响。

马尾海军学校的全称为“福州马尾海军学校”。该校的前身是中国最早的一所海军学校——马尾船政学堂。

清朝同治年间，大臣左宗棠在给同治皇帝的《试造轮船先陈大概情形折》中提出，在造船同时开办学堂，“教习造船即兼教习驾驶，船成即令随同出洋周历各个海口”“选少年颖悟子弟习其语言、文字，诵其书，通其算学，而后西法可衍于中国”。1866年，即同治五年，在船政大臣沈葆桢主持下，同时在福建马尾开办了马尾船政学堂与马尾造船厂。

这所学校，培养了中国近现代许多著名的人物。甲午海战中的名将刘步蟾、林泰曾、邓世昌，以设计、修筑京张铁路闻名于世的詹天佑皆从这里毕业。

说起詹天佑，不能不提的是他的一段辉煌的海上征战经历。

1882年11月，他以一等第一名的成绩，担任福建水师旗舰“扬武”号巡洋舰驾驶官。中法战争爆发，1884年7月，法国舰队司令孤拔率领13艘军舰企图在台湾登陆，失败后转入闽江口马尾江面。闽浙总督何璟，船政大臣何如璋下令：“不准先行开炮，违者虽胜亦斩”，詹天佑悲愤且无奈。8月23日下午1时56分，法国舰队趁退潮时发动袭击，以14000吨位、77门火炮的优势，轰击仅6500吨位、44门火炮的福建水师，詹天佑操纵“扬武”号冒着敌人的炮火，开足马力，逼近法国旗舰“伏尔他”号300米，用尾炮猛烈轰击，孤拔险些被击毙。法国人罗亚尔在《中法战争》中描述说：“那里惯于使用不良大炮的中国人，作坚强的抵抗。在如雨的机关枪炮之下，他们不停地射击。因距离短小，所有子弹都击中，他们的一颗圆形炮弹穿过‘伏尔他’号的过道甲板，击毙领港人汤马斯及在舵轮边的两个舵手。”上海英国人办的《字林西报》报道说：“西方人士料不到中国人会这样勇敢，‘扬武’号舰上的学生五人中，詹天佑的表现最动人。他临大敌而毫无畏惧，并且在生死存亡的关头上还能镇定如常，鼓其余勇，在水中救起多人”。目击者美国人罗茨·高文在《法国人在福州》一书中，称赞中国水兵勇敢，“在世界最古老的海军纪录史上均无前例”。

在辛亥革命中率舰队起义“慷慨励士卒，效忠民国”的舰队司令黄钟英也从这里毕业。孙中山在黄钟英逝世时写的挽词是：

尽力民国最多，缔造艰难，回首思南部俦侣；
屈指将才有几，老成凋谢，伤心问东亚海权。

可见孙中山先生对其作为中国一代开创性海军将领逝世的惋惜与对中国海权的耿耿情怀。

清朝末年海军大臣，民国时的海军总长，一度出任国务总理的萨镇冰也是从这里毕业。这位海军宿将在1952年92岁时，写诗给毛泽东，其中一句是：

尚望舟师能再振，海氛一扫捍岩疆。

毛泽东复信时，惜其已经作古，不胜感慨，特指派陈毅为其主持治丧，可见对这位海军骁将的尊重。

1946年率领舰队收复西沙、南沙群岛，后来又率领国民党海军第二舰队起义，成为人民海军将领的林遵，也出自这所学校。

这所学校还是近代中国科学技术人才的摇篮。把亚当·斯密的《国富论》，孟德斯鸠的《论法的精神》，赫胥黎的《天演论》首先翻译介绍到中国的严复，也从这里毕业。

马尾海军学校的光荣历史，对当时正一腔热血准备投身社会的李景森及其家人吸引力极大。况且当时正值社会变革的躁动期，各种思潮泛滥，海军报国在福建一带沿海区域更是风行。李景森回想这一段经历时，好像回到了少年时代，沉浸在当年的回忆当中：

1931年，李景森10岁，发生了“九一八”事变，东北三省全部被日本人占领。那时候中国人都是同仇敌忾，对日本人恨之入骨，很多人都在手臂上挂个布条，写着“消灭日寇，一雪国耻”。

当时在福建，质量好的香蕉都是从台湾或者日本进口来的，被看成是日本货。还有吃的咸鱼，记得有一种叫大马哈鱼，是东北的，日本人占领了东北，也变成了日本货。所以他母亲去买菜，买了咸大马哈鱼回来，被他给丢掉。他说：“你买的是日本货，我不吃它。我恨日本人。”

李景森读初一的时候，就有去考海军学校的念头了，首先是因为有一颗爱国心，想去考这个军校。第二个原因，当时在福建能够考上马尾海军学校是一种光荣，因为学校管得比较严，学生的素质也比较高，社会上对该学校非常看好。听说谁家里有个小孩在马尾海校，都会被称赞，可为家族增添荣耀。

另外当时学校还有规定，前八名可保送到国外留学。留学在当时也是一件光宗耀祖的事情。可能是福建人从来就有出外洋谋生和读书的传统，特别崇尚到国外留学，尤其是公费保送。在校读书期间，每学期都要发榜，假如每年能考进前八名，将来就会被保送出国留学。所以家里有个小孩能上马尾海校，是一种非常好的事情。

马尾海校当时虽然是全国招考，但民国之后，还是以福建人居多，为什么呢？因为有一条规定：每个海军中校以上的军官，终身可以有两个亲生子弟报考海军学校的名额，也就是参加考试的资格和机会。因为从清朝以来，很多海军是福建籍的，到了民国，海军中校以上的军官很多都是清朝海军官员的后代，现在允许他们的后代报考，可参试的福建人自然就多了。其他省份人数相对固定，而福建报考基数大了，考进去的人所占比例也就多了。当然福建人外出移民谋生的也多，他们的眼界也开阔一些，这可能也是原因之一。

关于马尾海军学校的那一段生活，李景森仍是记忆犹新。

马尾海军学校在教学上完全照搬英国海军学校，但在管理学生方面，又将每一班编为一个队，每队设专职队长一人，全面统管学生在课内外的一切活动情况和发生的问题，队长与学生亲密无间，等于学生的“共同家长”。每一个队以历代民族英雄的名字命名，如“继光队”就是以戚继光命名，“成功队”就是以郑成功命名，李景森进校的这一届叫“葆桢队”，是以清代海军名臣沈葆桢命名。由于本届招进的学生在年龄和学历方面相差过大，其中有不少是16～17岁的高中生。因此学校决定将其分为甲乙两班，甲班课程从第二学期开始，编为“航海第七届”，又称“葆桢一队”；乙班课程从第一学期开始，编为“航海第八届”，又称“葆桢二队”。李景森被分配到“葆桢二队”。

考进海军学校的李景森自然很高兴，生活在他面前展开了完全崭新的一页。但学校的学习要求很严格，首先是试学四个月，之后的考试，看各个方面的表现，不合格的就淘汰。那时候他的奋斗目标，首先是保证四个月不被淘汰，然后就是要熬过八年。这八年又怎么分呢？在学校里上基础课五年，上专业课两年。专业课中，航海专业的，要学舰上各种枪炮的结构与原理，以及使用和操作的方法等知识半年；学实际应用的航海技术、各种航海仪器、船艺和信号等一年；还有学水雷、鱼雷等用半年。然后，再在海上航行实习一年。也就是五年基础课，两年专业课，一年航行实习，再加上四个月的试学，总共八年四个月。

在这所学校，学生的待遇在当时算是很好的。因为这八年里，学校什么都管，比如穿的皮鞋，还有制服，都是公家发的；那个时候，一般在普通学校的学生吃饭一个月用五块钱，而他们的标准是七块；学校为了方便管理，设有洗衣室，学生们只要每天洗完澡把换出来的衣服拿过去，就会有人帮忙洗好，并摆放在床上。

但学校的管理也非常严格，比如规定皮鞋必须擦得锃亮，连制服上的五个铜扣也必须如此。像这些生活细节都管得这么严格，其他纪律比如兵操、仪态、学习纪律等就更不用说了。

从13岁开始接受如此严格甚至是严酷的训练，李景森培养出了典型的海军军人品格：站立时腰杆始终挺直，眼睛始终平视前方；坐则坐相笔挺，绝不东歪西倒；走起路来则步履坚定，落地有声；说话坚定简单，眼睛炯炯有神。在我们采访他的时候，虽然那天他只穿一件短袖衬衣，也可见他的军人气概：白色的衬衣烫得笔直，衣领整齐洁净，即使不穿军衣，也会想到他曾经是一位训练有素的军人。

严格的训练除了练就他的军人气概，也让他学到了丰富的航海及海军知识，当然还有外语的能力。

如何从面临被淘汰的危险中走出

进入马尾海校学习后，李景森是同学中年龄最小、学历最低的一人，他要和年龄比他大、学历比他高的同学（其中有不少是十六七岁的高中生）一同学习。通过四个月的淘汰班学习，李景森虽然幸免于被淘汰，但在被准许留校继续学习的名单上，他列在倒数第三名，也是濒临被淘汰的学生之一。

1935年李景森在马尾海军学校合照

（前排正中着海军上尉装者为刚从英国留学回来的葆桢队队长吕叔奋，二排左起第五人即靠近吕叔奋左肩者为李景森）

根据当时学生的真实年龄和学历情况，学校决定将此次考进学校的50名学生按淘汰榜上的名次再分为两班，一班称“航海七届”，又称“葆桢一队”，另一班称“航海八届”，又称“葆桢二队”。李景森被分在“航海八届”班，即“葆桢二队”。航海七届班免读第一学期的课程，从第二学期的课程开始学习，基础课的时间从五年改为四年半，比航海八届班早半年完成学习过程。航海八届班则照常从第一学期开始。

此时有一位名叫王麟的高年级学生来找李景森，说他的父亲是李景森叔父的朋友，叔父知道王家也有孩子在海校就读，就请王麟的父亲转告王麟，在有必要的时候多关心一下李景森。接着王麟问李景森在学习上有何困难，为何此次考得这么差，哪一门课程感到最难。李景森告诉他数学课最难，除了在做习题之前，先要把英文课本上所列的题目内容全部弄懂，需要很多时间外，自己又只有初中二年级的数学基础。这位学长学习成绩很好，在班上名列前茅。他听完后就教李景森要设法利用课外一切可以利用的时间来做数学练习题，因为熟能生巧，做多了自然会提高自己的水平。李景森听他的话，利用一切时间，包括午间两小时的午休，去做完数学课本上老师因考虑学生自习时间有限而没有布置学生去做的那一半习题。果然，“皇天不负有心人”，通过一个学期的艰苦努力，李景森终于在公布的考试成绩榜上又回到第三名的位置，并一直保持到毕业。

纪律、体能、军仪

马尾海军学校的生活除了读书以外，很大部分是接受军事纪律和体能方面的训练，每学期的考试总成绩也与这些方面有关系。李景森对我们说了以下情况：

按校章规定，如果你这一学期都没有请假（包括病假），则本学期考试成绩的总平均分数可多加1分；如果你这一学期都没有犯错误而受到记过处分，则本学期考试成绩的总平均分也可多加1分。

游泳是学校要求的一门重要的课程。游不到500码（每码等于0.914米）要开除，多游则鼓励。学校没有寒暑假，只是规定，每年8月份上午仍在课堂上课，下午改在校内游泳池上游泳课，每隔一天派船送到海边游泳。每年都要进行一次游泳考试，时间为4小时，中间如觉得饥饿，可以要求在水中边游边吃干粮；如感到寒冷，还可要求喝一口白酒御寒。能游到5000码者算是满分，随后每多游400码奖赏大洋一块钱。李景森在校的最后一次游泳考试的成绩是4小时内游完13000码，将近12000米，也就是12公里，充分体现了他平时勤学苦练的精神。李景森今年93岁了，身体还挺好，至今没住过医院，也没什么病。这恐怕和在学校里八年的严格训练，特别是体育训练有很大的关系。

学校每周上课六天，星期六也不例外。星期天是放假日，学生可以在校内自由活动。按规定，学生未经许可不得随意离校，只有在星期天下午1时至5时的4个小时内，可以离校自行活动，但离校前要先集队，经队长检查后方可外出。下午5时要进行集合检查，迟归者要受罚。

这里李景森还回忆起一件趣事。他小时在家乡很爱吃一种小吃叫“糖芋泥”，有一次星期天他放假上街，独自一人路过一家小吃店，见门口菜单上有他所爱吃的“清蒸糖芋泥”，于是立即进店点了一份，并付了钱。随后店员告诉他此项小吃已卖完，须再蒸制，请他稍候。由于当时尚不到4时，他就耐心坐着等待，不料一直等到4时半仍未煮好，为了准时赶回学校，他不得不白花钱空等一场。

抗日战争前学校在马尾时，还从英国请来两位英国教官教授专业课，一位是航海科的，一位是轮机科的。由于海军事务不少与对外交往有关，所以海军学校十分重视对学生的仪态举止及言谈礼节的教育和培养。比如，坐姿讲究身板端正、挺胸；平时讲话嘴巴不能张得太开，既要人家听得到，又不能啰嗦；吃饭有吃饭的规矩，吃饭时不能说话，更不能发出声音，碗、碟、筷子之间都不能碰出声音。管得非常严。

马尾海军学校就是这样一所学校。一所学习的学校，一所纪律的学校，一所军人仪态养成的学校。

一个10岁出头的孩子，一来学校就开始接受严格的训练，长达八年的时间，基本与外界包括家庭隔离，他的思想、性格与行为方式的养成，基本就是学校决定的。李景森在学校八年，一次都没有回过家。虽然他有时也会想家。但他对学校更有依恋，觉得那就是他的生活的全部，至少在那一段时间里。因为学校有他的理想及实现理想的动力来源。他在学校每一分钟都觉得充实，他喜欢学校的环境。

实习

七年过去了，海校学习的最后一年应是实习。按照学校原来的安排，这一年是在海军军舰上实习。但是年正值1941年，太平洋战争如火正酣，中国抗战进入了第五个年头，即最为艰苦的阶段。

然而中国海军的力量在当时却弱之又弱，与敌实力相差悬殊。1937年日本舰艇总吨位达130万吨，中国海军则只拥有6万吨，而且都是陈旧的水面舰。全面抗战爆发时，中国海军正处于打大规模海战力量不够，打小规模突击战又缺乏机会的“高不成、低不就”状态。

在这种情况之下，上舰实习便成为不可能的奢求了。

说到抗日战争时期的民国海军，李景森的神情显得有点无奈与沉重。因为经过七年的学习，到了最关键也是他最期待的登舰实习期，却因为海军军舰的缺乏而不能实现。

然而实习还是要进行的。没有军舰，于是学校安排他们到陆地的炮台上去。

为什么？因为抗日战争一开始，为了防止日本军舰沿长江溯江西上直迫南京，中国海军立即以长江最狭隘处的江阴作为防线，除派主力军舰进驻防守外，还将多艘旧船、废船自沉在航道中央，以堵塞正常运行的航道。在江阴海空大战中，日军依仗其空中优势，用飞机对中国军舰和船只进行轮番轰炸，不久，停在江阴附近的全部中国军舰都被炸沉，但中国海军也击落多架日军飞机。战斗中涌现出许多可歌可泣的动人事迹，如当时中国最大的军舰“平海号”，在日军飞机的围攻下，奋勇作战，击落敌机多架。后来，中国海军把被炸沉的军舰上的大炮设法拆下，搬到江面狭窄的川江边，与其他大炮一起建造岸上炮台。另外，在沿江一带，则向江中施放水雷，以对下游的敌人舰船进行攻击。所以海军学校学生的实习只能到这两个战斗部门去了。李景森告诉我们：

抗战的时候日本人占领到宜昌，宜昌再上去就是长江三峡的西陵峡（即现在的葛洲坝以上的河段），日本人没有攻占这里。从西陵峡一直到万县就是用军舰上的炮建设的对江炮台，一共有四个总台，都是把军舰上面的炮拆下来搬到山顶上，炮台全部对着长江，以防日本军舰沿长江开到重庆。李景森他们这一届校课完毕后，就只好被安排到炮台去实习了。

当时海军在作战上分两部分，一部分是炮台，就如上面说的，把军舰的大炮拆装到陆地高处，面对长江，用大炮的火力防止日军舰船开往长江上游。另一个部分就是布雷，那时在湖南辰溪有个海军水雷制造厂。水雷制作完后，就暗暗地通过敌后沦陷区运到湖南和安徽长江边，晚上投放到江里，让水雷随着水流往下漂，炸掉日本船。因为那时候长江宜昌下游被日本人占领，都是日本船，一条中国船都没有。

李景森他们陆地实习的地点，在西陵峡高地山上新建的炮台。当时海军舰上的炮要比陆军炮大，射程更远，破坏力也更强。

虽然是在陆地上实习，但李景森他们也体会到了作为军人的责任与危险。特别是一部分学生分配到布雷队去实习，等于是直接去参战，更加危险。就有一个同学随队去布雷的时候，被日本人发现。日本人开枪打中了他，当时他的嘴巴刚好张开，子弹从他的右脸颊进，左脸颊出，万幸的是牙齿和舌头都没有伤着。

终生受海军部长陈绍宽影响

前面提到，虚报年龄应考马尾海军学校的李景森，受到当时的海军部部长陈绍宽的特别垂注，亲问其名，并表示了对这位有志少年的赞许，最后准许他入读马尾海军学校，使他走上了自己喜爱的航海道路。更重要的是，李景森觉得陈绍宽在中国当代海军建设上，有着突出贡献，并具备人格魅力：抗日战争时期，他以其中华男儿的血性，始终把对日抗战作为第一，勇于担当；他为了国家和人民的利益，内战开始时又拒绝了蒋介石的要求，不把枪口对内，对祖国大陆不离不弃；新中国成立以后，又为祖国的海军建设和航海事业奔走出力，始终不渝。而且生活简朴，廉洁奉公，平易近人，关怀下属。这一切，都是李景森一生难忘的，即使到了耄耋老年，这种感觉仍然没变。对此，李景森对我们说："我与他的交往不多，因为那时他是海军部部长，我只是一名学生，但通过耳闻目睹，我感到他是我终生敬佩和景仰的海军老前辈。"

解放前不久，陈绍宽离职回到家乡，刚好那段时间李景森在福州救济署工作，他曾专程前去看望他敬仰的老上级。

陈绍宽的家乡在距离福州一个多小时车程的乡村，叫城门镇胪雷村。知道有海军旧人去探望他，陈绍宽很高兴也很平易地出来会见。令李景森想不到的是，陈绍宽就穿着一件稍显长的唐装对襟衫和旧布鞋，笑吟吟地走出来，既像一名乡村教师，也像古人中的隐居者。当时他的身份是该村的一名小学教师。从他的谈话中李景森感觉到，陈绍宽很满意自己找到并在做一件有益于家乡、能回报家乡养育之恩的事。当时李景森就想：像他这样一位在中国海军界叱咤风云的人物，曾经的民国政府大官，能够安于做一名乡村教员，真是非常难得。

有关陈绍宽的其他情况，笔者根据百度百科记载的资料，摘录如下。

陈绍宽，字厚甫，福建闽侯县人。17岁考进南京江南水师学堂驾驶专业，1908年校课毕业。辛亥革命后任镜清练习舰大副。1916年派赴国外考察海军，旋即调赴西欧参观战事。1917年5月在英国战列舰队和潜艇部队参加对德国海军作战，获英国政府颁发“特别劳绩勋章”。1918年赴法国、意大利调查海军。同年秋任驻英武官等职。1919年奉召回国，翌年任通济练习舰舰长，1923年任应瑞巡洋舰舰长，1926年升任第二舰队司令。1927年参加国民革命军北伐。8月率领舰队歼灭已抢渡长江南岸的北洋军阀孙传芳部。9月国民政府传令嘉奖，授一等勋章和“中流砥柱”勋旗。1928年任国民政府海军署署长。1929年6月任海军部次长（副部长），1932年任海军部长，决定福州海军学校每年定期招生，聘请英国海军教官到校任教，培养出数百名毕业生。先后派出数批海校留学生，为海军培育一批骨干力量。1936年至1946年，兼任私立勤工学校董事长，将部分海军资产转拨勤工学校作教学经费，支持长期办学，培养出数以千计人才。

1937年7月，他回国指挥海军投入备战。8月亲临江阴指挥。一夜间建立举世闻名的江阴封锁线。他响应中国共产党建立抗日民族统一战线的号召，指挥海军官兵坚持抗战，持久胜敌，先后参加上海、武汉等地会战。国民政府迁都重庆后，积极组织海军敌后布雷游击队，长期打击敌人，配合全国各战场的作战。

1945年5月，陈绍宽任中国出席第一次联合国大会代表团顾问。9月9日，作为中国受降代表之一，在南京出席日军投降仪式。抗战结束后，不满蒋介石发动内战，拒不受命率舰堵截从山东半岛渡海挺进辽东的人民解放军，率长治舰南下台湾视察，返南京后即告辞职。

解放战争后期，蒋介石预备退守台湾，派人请他赴台，他严词拒绝，影响并带动一批海军官兵留下迎接解放，参加新中国建设。福州解放后，他任福建省人民政府副主席（副省长）、中央国防委员会委员、华东军政委员会委员等职。他是全国政协第一届委员、全国人大第一、第二、第三届代表、民革中央副主席，直至1969年逝世。

毕业

1942年夏天，李景森从在民国海军学校毕业。是年他21岁。

他入学时海军学校设在福州马尾，俗称“马尾海军学校”，毕业时学校已搬迁到贵州桐梓。有关这段经历的来龙去脉，将在下一章详细叙述。

李景森毕业了，在抗战最紧张的时刻。不过毕业后他没有离开学校，而是留校任学生队长。

抗战前，马尾海校优秀的毕业生（学习成绩及各方面优秀的前八名学生）会被保送出国留学，海军学校学生队长都是在他们学完回国后再从其中选派担任的。抗日战争开始以后这一做法终止，海军学校也暂停招生。

留校当学生队长，李景森的生活地点没变，但生活内容和职责变了，从自己学到指导别人学，从被人管到管别人。这是一段全新的生活。两年光阴，在李景森的人生中虽不算长，却意义非凡。他在向我叙说这段经历时，总是流露出一种怀念之情，怀念那段刚刚走向成年参加工作的时光，怀念他的那些杰出的同事，更怀念那些被他打过手板后来成为了社会栋梁的学生。也许，这段经历还对他后来进入航海教育领域产生了影响。

第三章

桐梓岁月

迁址

1937年“七·七”事变之后，日本帝国主义向中国发动全面侵略，抗日战争爆发。日军大举南下，国民政府、中央机关和各大中城市的院校、重要工厂企业纷纷内迁。马尾要港也屡遭敌机轰炸，设在马尾的海军学校被迫奉令西迁。

桐梓古为夜郎国疆城，唐代曾置夜郎县，该夜郎县历唐、五代十国，至北宋末年，存在于桐梓境内478年。唐中，诗仙李白因获罪遭谴，长流于此。发生在李白身上的悲剧性事件，却使桐梓有了遐迩闻名的“唐宋夜郎”、“李白夜郎”雅称，此地也因而成为贵州省境内开化较早的县份之一。

桐梓距抗战时称为“陪都”，也是民国政府所在地的重庆仅200余公里，县城在万山拥抱中的一处封闭型小盆地里，周围皆有险关扼守，云层厚，云量大，不易为敌机所侦察轰炸。桐梓海军学校是福州马尾海军学校1937年末先从马尾搬到福州鼓山涌泉寺，再辗转搬到湖南湘潭，又过了约半年后，才找到并决定搬至贵州桐梓县城的。从马尾搬出不久，福州沦陷，日寇飞机在马尾狂轰滥炸，海军学校校舍即被日军炸毁。

桐梓地处西南腹地，既可守险又有交通，更是安静读书之处。虽无长河阔水，却有青山相伴，还有一条来自贵州青山之中的清澈的河涌。

李景森他们从湘潭出发，往桐梓坐的是汽车（货车）。当时正值抗战，汽车没有汽油，改用木炭烧火作动力，所以走得很慢。从湖南湘潭到贵州桐梓，路不算很远，他们却走了差不多一个礼拜。经广西桂林进入贵州，再从贵阳到桐梓，桐梓就在贵阳到重庆的半路上。学生们坐着缓慢的大货车，走走停停，历尽艰辛。而学校的设备则由校方另外组织运输。

海军学校辗转迁入桐梓县城后，租用了位于城东国民政府25军经理处主任金汉初为其母新建不久的“节孝祠”作校舍。

金家楼节孝祠建于1931年，到海校搬至时尚未建成使用，只完成了十之六七，在数年前因故停工。因房子的基本架构已完成，学校也不需太多的设施，原楼稍加整改即可使用。

未完工的金家楼节孝祠为仿西洋式楼房，砖木结构，有阁楼、耳楼，呈“U”形三层楼，其上还有半层的小阁楼作为储藏室。大楼后面有水井可供生活用水。离金家楼250米有县体育场，正好用作学校操场和运动场。

1938年10月中旬海军学校西迁至此时，还在修葺的节孝祠内部分门窗尚未完工。按照安排，学生寝室、教室与饭厅均设在金家楼左右翼楼上楼下。主楼一、二、三楼为礼堂、办公室、会客室、校长宿舍及教官队长卧室等。

经修葺布置的金家楼海军学校庄严肃穆，正中间立面宽阔，从正面进入，正厅两旁的左右柱上，各挂有黑字白底匾牌，右书“海军学校”；左书“中国国民党海军特别党部海军学校区党部”。正厅门楣上书“忠孝仁爱信义和平”，正厅内迎面墙上挂着孙中山遗像，遗像上方是交叉的民国国旗和国民党党旗，下方是孙中山先生遗嘱，左右两边是“革命尚未成功”及“同志仍须努力”的训言。

一楼左边是一间教室，教室排列着三行六排，使用两人同桌同凳的木质课桌及凳子。二楼左边就是当时学生的寝室。学生活动中心的门楣上，一幅匾额写着“雪甲午耻”四个大字，字由时任学校训育主任的邓兆祥亲笔书写，字体刚劲，意蕴震撼。在海校的围墙上还书写着“制海图强”、“明耻教战”、“国防第一线要在敌人的海岸”等口号。

学校管理，校长（少将），教务处、训育处（中校），下设学监（少校），各班级设队长（少尉、中尉）。教官分正、副教官（中校、少校、上尉），专教基础课和专业课。操练官（上尉）教兵操。体育、唱歌也是专门教官或队长兼任。学校还设有医务室。

海校仍然采用英国皇家海军的教育制度，航海班教课内容包括国文、天文航海学、地文航海学、船艺学、气象学、海道测量学、罗经自差学、物理、化学、高等代数、微积分、中外地理、中外历史等等。其中除了国文、公民及本国历史地理以外，所有课程皆采用英文教材。

其时，海军学校设两个专业，即航海和轮机，每期各一班。原在马尾入学的航七、航八、航九、航十、轮五各班均随校来桐，继续学业。其后又有几届学生陆续按规定考选入学于桐梓。直至抗日战争胜利后的1946年迁离桐梓之时，海军学校共有三个专业的十二期（班）学生在桐梓学习，其中有航海班第七期至第十四期，轮机班第五期至第七期，造舰班一期。在桐梓结业离校的有航七至航十共四期；轮五一期，造舰二期。

关于在桐梓新校址的生活，李景森回忆：

在桐梓的生活与在福州马尾没有太大的不同。一切还是按照校章规定进行，只是因为校内没有游泳池，只能到离学校不远的一条小河去。那里距离学校大约15分钟路程。河虽然不是很宽，但也够学生们作为练习游泳之地。当时他不知道这条河的名字，还是这次建陈列馆，重回旧地，才知道城东小河名为溱水。

学生队长

李景森1934年入学福州马尾海军学校，1938年学校迁址贵州桐梓县城，1939年底读完校课后暂离桐梓，到外地继续学习专业课两年并实习后，于1942年初又调回桐梓，留校担任学生队长，直至1944年。所以他常说桐梓是他学习的地方，也是他参加工作的第一个地方，是他的第二个“故乡”。他对桐梓的感情是永远的，在那里与同学和学生建立起来的感情也是极为深刻，终生难忘的。

被选定为学生队长，李景森至今也觉得是一件很光荣的事，他记得当时学校要在本届毕业生中选定三人留校担任队长，他是第二个被选中的。这件事对李景森是很大的肯定与鼓励，因为李景森本来就是一个认真工作、极其负责的人，所以接受这一安排后，他又觉得自己责任更为重大。

李景森与学生们的年纪相差不多，也就比学生大那么六七岁，可以说是同代人，彼此之间有许多共同语言，有亲切感，便于沟通。这与过去的学生队长与学生年纪相差十多岁完全不同。如果说过去李景森当学生时，他与队长是叔侄辈的关系，或者说是上下级关系，那么现在则是同学关系，是兄弟之间的同辈关系。

李景森想了很多办法，尽量做好学生工作。比如伙食方面，刚到桐梓时，生活条件比福州好。因为上面拨给学校学生的费用仍按福州时的标准，而内地的东西便宜。所以初到桐梓大家天天吃鸡，有一阵都不想吃了。后来法币贬值了，伙食就差了些。

李景森还记得当时学校的早餐，每个学生有四个馒头、一碗稀饭和一小碟菜。学生每顿一般吃不完四个馒头，所以每次用餐结束后，他就要求食堂人员把吃剩下的馒头收集起来。然后他向训育主任邓兆祥提出建议并获得同意，把吃剩的馒头统一给做馒头的工人，按量换取一定分量的面粉，用四个馒头换一斤面粉，再用面粉抵钱买黄豆，磨成豆浆。学生们每天早上起来除了吃饭之外，还可以喝豆浆。

李景森还提议在同学之间全部讲国语。因为他发现来自各地的学生往往自觉不自觉地就讲起家乡话，而一旦讲家乡话，与其他地方来的学生自然就会产生隔膜，不利于团结。学校同意了他的提议。他还记得班上有一个学生，父亲是同校教师，曾是李景森的老师，也是福州人。在福州方言中，称国语为“官话”，因为古代朝廷派去福建当官的都是外省人，讲的都是国语（现称普通话），不会讲本地方言，衙门审判时也是用国语，因此福州方言就将国语称为“官话”。因为班里要求学生在日常生活中全部讲国语，这个学生很老实，回家与父亲也讲起了国语。有一次那位教师家长见到李景森时开玩笑说：“你们好厉害啊，训练到我的儿子跟我也讲起‘官话’来了！”

学校规定学生都要剃光头，并设有理发室和理发匠，抗战以后，物价越来越高，工资却很低，理发匠跑掉了，要再雇也很难。李景森就叫两个学生来彼此试一下，他们在互相剃剪的时候，剪得对方喊疼就停下来，再摸索，不喊叫的话就证明没问题，继续剃下去。开始剪得不平整，但是要求他们坚持下去。很快学生就学会了，并且在全班推广开来，这样就解决了班上的剃头问题，还省了请理发匠的工钱和补贴费用。后来李景森向校长提出，把请理发匠的补贴拿出来购买图书，作为图书馆经费，而理发匠的工资则留给学校。这样一来为学校节省了开支，又能为学生提供更多图书读物扩大知识面。因为提议合理，学校同意，而校领导也从中看到了李景森做事用心，爱思考，办法多，办事踏实，符合实际，非常赞赏。

当时李景森觉得，学生家里寄给孩子们的零用钱应由队长代管，因为这些十四五岁的孩子没有完全的自理能力。于是向学校提出建议，后也获得了同意。他的做法是，把每个人的钱分别登记好，想用钱时要先说明合理用途才能开支，目的是从小养成他们良好的消费习惯。事实上，这批年纪小小的学员，也没有太多的想法，一般都很听话，最后都养成了较好的生活习惯。

在学习上，李景森鼓励集体上进，不落下一个人。他别出心裁地进行了桌桌争当“伏波之光”的学习竞赛活动，因为李景森所管的这个班是以汉朝伏波将军马援的名称冠名，李景森当伏波队队长。当时李景森用短布做了一面小旗，写上“伏波之光”四个字。为什么搞这个活动？因为学校当时对考试要求很高，学生每学期各课考试成绩总平均达不到60分就要被淘汰，李景森不希望落下哪怕是一个学生。开展这个活动就是要让学生互相帮助，提高全班的整体成绩。这个活动的做法是：将班里第一名与最后一名学生编排坐在一起（一张桌子有两个座位），第二名与倒数第二坐在一起，以此类推。这个“错位”排座法实际上就是以先进带动落后，达到提高落后同学成绩，进而减少不合格率，避免有人被淘汰的目标，同时还鼓励成绩好的同学不能落后，因为活动办法规定，同桌两个人的总成绩优秀，才能获得学期末“伏波之光”锦旗。

李景森还提议对学生进行“失物”管理的制度，即在校内建立一个“失物管理室”，主要是为了纠正一些学生丢三落四，起床后不收拾床铺，在房间乱丢、乱挂衣物，不加整理就匆忙离室去进行日常的活动的坏习惯。队长在规定时间到各寝室巡查时，就把乱丢的东西都收起放到失物管理室，算是“失物”。失物管理室由学生自己轮流管理，谁的东西到了失物管理室就要受罚，不是罚款，是罚他星期天放假的时候去做工（校内打扫卫生等），按“失物”的件数决定罚工时间的长短（从10分钟到1小时）。其实罚工不是很辛苦，也不是目的，目的是严格地养成海军军人的良好作风。

学校还有几项纪律，违反了要罚打手板。比如吃饭要排队，吃饭时不能发出一丁点声音，违者打手板；吃完饭之后也不得自由离开，必须端坐等待队长喊“起立”之后才能站起来，否则打手板；还有在学校内同乡同学之间要说国语，不能说方言，否则打手板，等等。

李景森就是这样用心去当他的学生队长，不但严于律人，还严于律己。所以几十年以后，他的学生依然铭记被他打过手板的情景，觉得正是因为有了这么严格的管理，才管出了他们一辈子的好作风。

桐梓生活点滴

桐梓海校就在桐梓县城中心，与当地的老百姓相邻而处。但海校校规很严，学生们从不侵犯驻地百姓或骚扰民众，六年间从未发生过纠纷。学生们每天到设在校外的县体育场进行兵操和体育活动时，队伍整齐，威武雄壮，人人英姿飒爽。这为封闭落后的桐梓县城带来了一股新风，学生们也以此为荣，并更加自觉律己。时至今日，当他们回忆起当年的求学生活时，无不认为金家楼不但是一所“大学校”，一座“大军营”，还是一个“温暖愉快的大家庭”。有学生回顾当年时深有感触地说：“抗战八年是中华民族的英雄岁月，桐梓金家楼曾是这浩渺长河里的一个亮点。”

在溱水河训练的学生

海校在桐梓期间，正是中华民族全面抗战的艰苦岁月，在西南后方，身处大山之中的海校师生一刻也未忘记国恨家仇，这里虽然没有刀光剑影的血肉拼杀，但师生们的胸怀里却始终充满着抗日的豪气，脑海里都永远缭绕着前线的血与火。少将校长高宪申即为在江阴阻塞战中任平海舰舰长并勇立战功，获得华胄荣誉奖章的抗战英雄。训育主任邓兆祥经常向师生们讲述中日甲午海战留下的耻辱，并亲笔书写“雪甲午耻”匾额悬于图书馆门楣之上，以激励师生不忘国耻、誓驱倭寇、刻苦学习、报效祖国。邓兆祥在校期间一直只穿布鞋，他还当众发誓，抗战不胜利他决不穿皮鞋。

在师长的表率下，海校学生克服了物资匮乏的困难，并培养了艰苦奋斗的作风，对衣裤鞋帽都是自己补了又补，穿用不辍。且戏言道：“头戴通天帽，脚踏实地鞋，身穿空前绝后服，君乃是空前绝后的顶天立地人。”

为了宣传抗日救亡，唤起民众，海校的师生还利用课余时间，与县城各中小学师生配合，利用多种形式宣传抗战救亡。比如，航十一班编剧，刘和谦主演的《衡阳四十七天》，李存杰和郁文弼主演的《战云情泪》，以及县城女中叶如瑛演唱的《江南之恋》等等，都在学校里和社会上引起了极大的反响。

为了给地方培育人才，海校的一些教官还为县中、省中兼课，如刘荣霖先生兼代数、几何课，杨雨生先生兼物理、化学课，欧阳省三先生兼数学、物理、化学等课。还有在省中兼高中体育课的徐教官与林教官，与县中体育教师潘奎龙协作，经常组织海校学生与当地中学生进行练习性的篮球赛，两校学生球技提高很快。

旧地重游

20世纪80年代的一天，李景森参加中国航海学会在贵阳举行的研讨会。这次研讨会的具体组织单位是贵州省交通厅。贵州虽不是沿海省份，但有内河航运，也有中国航海学会的分会，贵州省交通厅是贵州省航海学会的主办单位，所以研讨会由他们具体经办。

会议期间，李景森与当时的贵州省交通厅副厅长住在一个房间，闲来聊天，说起重返故地，李景森深有感触。他对坐在身边的副厅长说起了当年在桐梓海军学校求学、当学生队长的经历，感慨时光流逝，历史变迁："转眼，战争中幸存下来的分布海峡两岸的同学、学生均已步入耄耋老年了。"李景森表达了"很想再到桐梓看一看"的愿望，这位副厅长当即答应给予帮助。

会议结束后，贵州省交通厅专门派了一辆吉普送李景森重回桐梓，因为路况不好，在遵义歇了一晚，第二天才赶到。看见了桐梓海校旧址破破烂烂，但房子的框架还在，李景森拍下了照片，即时萌生了在眼前的旧址建立一个陈列馆的想法。此行可以说是筹建桐梓海校陈列馆之事的最早缘起。

当时他想，要办成此事，一定要两岸合作才有可能，因为大陆有旧址，这是根本。但学校当时的大部分教学设施及陈列所需的历史实物，除了搬迁校址时被校方随同学校一起搬走的那些，其余在几十年各种运动的动荡中基本丧失。个人方面，在大陆的学生历经多次政治运动，所保留的东西也不多了。抗战胜利后的1946年，学校再次搬迁，最后搬到了台湾，学校大多学生后来也都随同前往。台湾没有对他们的这段历史进行整肃，可能还保留着当年就学的用品、照片、学习、学校生活记录等等。而且他们大多在台湾军界担任要职，如果也有这个意愿，事情就好办了。他还觉得做这件事很有意义，通过共同筹办陈列馆，可以连接上中断了几十年的同学情谊。那是一段抗日救亡时期民族共同的记忆，是两岸的共同需要，十分珍贵。

李景森这个想法的形成，适逢中国社会从过去几十年以阶级斗争为纲转变为以经济建设为中心，国门逐渐打开，整个社会氛围发生了巨大的变化。为了适应改革开放的形势，李景森以广州航海学会的名义，向中国航海学会提议开展粤港澳三地航海界学术交流（当时香港与澳门尚未回归），同时也希望通过港澳的桥梁，接通与台湾在学术方面的联系，也得到了认可。

1997年李景森又到贵阳开会，时任大连水产学院（现更名为大连海洋大学）院长的文干也应邀参加会议，他们都是桐梓海校的学子，李景森还曾是文干的队长，关系十分密切。李景森与文干谈及曾返回过桐梓寻找校址，并有建陈列馆的想法，得到文干的赞同。于是两人会后专门去了桐梓一趟，察看当年海校旧址的状况。

而桐梓海军学校陈列馆立项的最终达成，是在2000年李景森赴台探亲以后的事。最后的启动则是在2002年冬，李景森和文干以及台湾方面的徐学海、刘达材、宋炯再次结伴造访桐梓，得到桐梓县委、县政府高度重视后，才提到议事日程。

两岸合作建馆

2000年5月，李景森的一个原在台湾工作，退休后移居美国的堂妹从美国回到了台湾，邀请李景森去台湾探亲。这样，李景森有机会在大陆解放后，再次踏进台湾宝岛。

除了会见亲人，李景森在台湾见到了一大批当年马尾、桐梓海军学校的同学和学生，受到他们热烈欢迎与接待，使李景森深深地感受到少年同窗之谊的可贵，并得知他们在事业上都有成就，特别是在军事部门工作的很多人都曾担任过重要职务，李景森感到十分高兴。

正是那一次，李景森向他们展示了在桐梓所照的海军学校旧址照片，他们看到曾在那里度过数年青春岁月的学校，无不感慨万分。李景森谈起在桐梓建立海校陈列馆的想法，得到他们的一致赞同。

在台北三天以后，台湾的学生安排他去了高雄等地，游览名胜古迹和港口码头设施，一路上大家谈的都是当年桐梓难忘的生活，也难免一次又一次地谈到筹建陈列馆之事。

对于这次台湾之行，到现在李景森还是很有感触，一是使他们重新连接起了中断了几十年的同学、师生情谊，二是就筹建中华民国桐梓海军学校旧址陈列馆达成了共识，知道了台湾方面十分积极的态度。

事后经过两岸同学较长时间的酝酿和商量，决定两岸的工作分头开始。

海外组设在台湾，由郑本基任负责人。总干事刘达材，成员包括倪行祺、李护为、易鹗、冯家溱、郑本基、林大湘、陈启明、宋炯、赵仕骧、刘达材、欧阳良、黄种雄。

大陆组设在大连，总负责人李景森。另有文干、王绶琯、张浩、李一民、高孔荣、卢震泽、陈国和等，分别负责收集各人所在地区的文物史料，并请文干做具体联系人。

2001年，贵州省一些政协委员提出联名提案，呼吁对“民国桐梓海军学校旧址”进行抢救性修复，并将其列入省级重点文物保护单位。2002年4月，桐梓县成立“桐梓海校遗址修复暨陈列馆筹建”工作领导小组。是年，县开发指挥部把修复桐梓海校遗址列入了详细规划中。

1999年，贵州桐梓民国海军学校旧址原貌

2002年，李景森（中）与分居两岸的当年桐梓海校学生同去桐梓海校旧址察看

据遵义地方志办公室、桐梓县人民政府共同编著的《中华民国桐梓海军学校》一书记载，1949年11月23日桐梓解放后，县政府将桐梓海军学校所在的金家楼作为公产交给城关镇人民政府，作办公用房。1955年安排给县公安局作办公用房。1994年，移交

县文化局文管所。1996年，列为县级文物保护单位。

2002年2月26日，当年桐梓海军学校学生，中科院院士王绶琯[①]在给李景森的信中强调：

“今日马尾海军学校故址历经战火已经荡然无存，而桐梓金家楼已经成为它唯一的实物见证……在金家楼原址建纪念馆，收藏并展出着80年的文物、史料，应当说是很有意义的。”

2004年5月，中国人民解放军海军政治部联络处给贵州省人民政府发去专函，建议将桐梓海校旧址列入省级重点文物保护单位。是年，桐梓海校遗址修复竣工。

2011年8月15日，抗日战争胜利66周年纪念日当天，中华民国海军学校旧址陈列馆在桐梓正式开馆。

2011年8月，李景森出席桐梓海军学校旧址陈列馆开馆仪式并致辞

---

① 王绶琯，中国著名天文学家。福建福州人、1936～1943年就读于马尾海军学校造船科。1950年改攻天文，并被聘为伦敦大学天文台助理天文学家。1953年回国，先后就职于中科院紫金天文台、上海徐家汇观象台、北京天文台。1980年当选为中国科学院院士。

1993年10月11日，国际编号为3171号的小行星被命名为“王绶琯星”。

2011年8月，李景森为桐梓海军学校旧址陈列馆开馆剪彩

今日桐梓海军学校旧址陈列馆

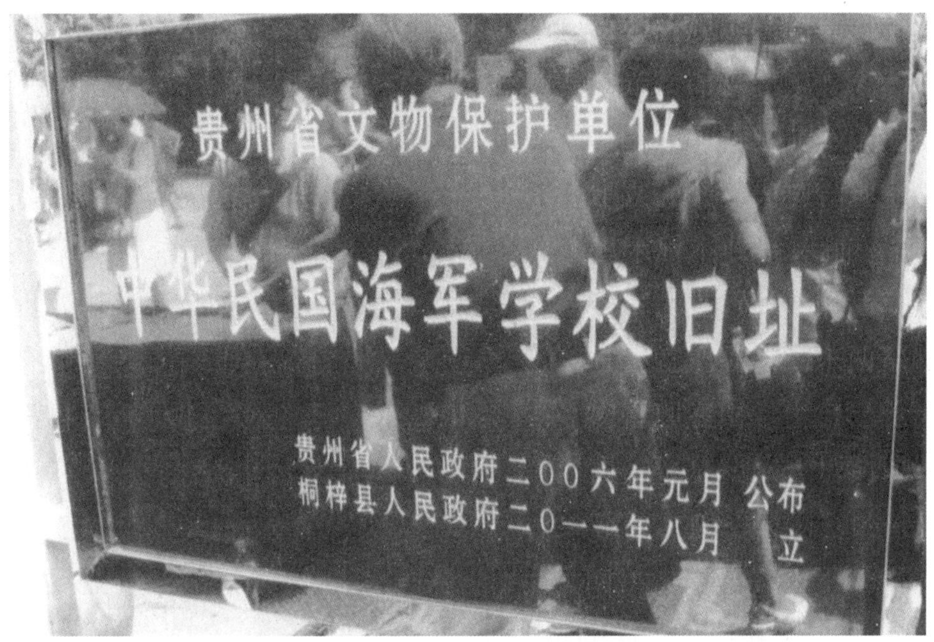

贵州省把桐梓海军学校旧址陈列馆 列为省重点文物保护单位

开馆至今，桐梓海军学校旧址陈列馆接待了一批又一批的观众。来自两岸的许多老海军抚今追昔，观物思人；更多年轻的一代却从中看到了一段民族非常时期的海军及抗战历史。

而李景森，他想的又是什么呢?

李景森认为，这个陈列馆的建成，实际上只是做了一件将一段民族值得铭记的历史用实物、影像的形式凝固下来的事，让它成为我们民族抹不去的永远记忆。而更珍贵的是，这是两岸共同的记忆，是两岸兄弟合作的成果。在这个过程中，他见到了60年不见的战友、同学、学生，重续了中断60年的情谊，更了却了他多年的心愿，是他晚年做的一件有意义的事。

台湾之行及整个筹办过程，则使李景森具体地感受到他们同学、师生之间胜过亲兄弟的感情，即使过去了几十年，就像酒，越久越醇，他相信那是可以影响、留存给下一代的珍贵情谊。

桐梓育人

海校在桐梓八年，1941年恢复招生，至1944年共招收航海班轮机班学生323人，加上从马尾海校西迁班级，共毕业311人，有18人在见习舰时被英国商船撞翻遇难，仅293人分赴岗位。时间是最严酷的判官，历史给桐梓打出了一个高分。在海峡两岸几十年的社会生活中，一大批人才，包括军界、学界、科技界、航海界等的精英和领军人物均出自桐梓，他们为中国的独立、建设、发展和进步做出了卓越的贡献。

其中，著名天文学家王绶琯，资深院士，北京天文台台长，长期致力于天文学，尤其是恒星物理时间和射电方面的研究，并著有《射电天文学方法》。

教授、系主任、校长、院长、研究员、高级工程师：陈嘉震、李景森、文干、林金铨、卢振乾、陈心铭、黄忠能、戴熙喻、陈学婉、周幼良、刘光昇、张哲榕、刘渊、陈心华、庄家滨；

船舰专家：吴本湘、郑振武；

远洋船长、舰长：李作建、陈其华；

部长：何康；

将军：刘和谦、叶昌桐、葛敦华、林蛰生、罗錡、区小骥、秦庆华、郑本基、朱成祥、曾尚智、李用彪、陈连生、刘达材、刘溢川、徐学海、欧阳良、柳鹤图、常香圻、刘耀璇、萨师洪、魏济民、易鹗、雷泰元、宋绍龙、陈鸣铮、黄典、张奇骏、王衍球、印奇、王家骧、陈启明、糜汉淇、古国新、宋炯、邱华谷、宫湘洲、张天玖、叶润泉、肖楚乔、赵仕骧、李宗杰、张宗仰、丘熏、张寿坤，等等。

邓兆祥少将

桐梓海校的教师更是值得大书一笔。训育主任邓兆祥，这位黄埔海军学校第十六期学生，曾先后在许多海军学校任教，并留学英国，就读于格林威治海军学校、英国海军鱼雷学校。1948年任中华民国海军最大的巡洋舰“重庆”号舰长，并于1949年2月率领重庆号官兵起义，1955年被授予海军少将军衔，1960年出任北海舰队副司令员，1981年任中国人民解放军海军副司令员，1985年退役，此后担任全国政协副主席。当年他在桐梓海校任训育主任，给学员讲的第一课是：勿忘国耻。他特别把甲午战争后日本人俘获北洋舰队的“镇远”、“定远”舰的铁锚与锚链陈列于东京上野公园，炫耀其战绩，羞辱中国之事，作为反面教材，勉励学生不忘国耻，立志当一名有民族气节的海军，誓死为国驱除倭寇。

杨福鼎毕业于海军飞潜学校。海校迁桐梓后任数学教师，教学成绩颇佳，不久调往海军飞机制造厂改组的飞机第八厂。他在海校执教期间，写诗记载抗战烽火事迹，在此搜录一首。

“重庆”号军舰

移校入黔金家楼

击楫蛮烟里，时危且有贤。
弦歌犹未辍，兵火不相煎。
春暖栽花日，人间养鸽天。
任教湖海去，夔益有楼船。

杨福鼎才情横溢，尚留有抒情诗十余首。如“瑶台几度靓琼姿，别后依犹系梦思。一曲清歌谁得似，三分薄怒最相宜”。

而李景森几十年兢兢业业，为中国的航海事业呕心沥血。

他不但在收复西沙时代表中国人民第一个登上永兴岛竖立了主权碑，并且在航海教育战线从事许多开拓性的工作，如在新中国成立初期进行的向苏联学习过程中，他与我国交通部聘请的首位苏联航海专家紧密合作，有效地提高了我国在航海学这一学科的科学水平，得到各方面的好评。他曾精心编著和翻译过多本与航海有关的教材和著作，还曾在航海学会工作了27个年头，这期间不但研究学术，也身体力行普及航海知识。更重要的是，利用航海学会，联络与船、与海、与航海有关的各个方面，为中国的航海事业做出了无声无息但又是扎扎实实的贡献。他的学生有的成为部长、总裁，有的成为航海家，有的成为教育界的精英。特别是，在他桐梓海校任队长期间教育的学生中，刘和谦等多人都曾担任台湾海军界高级将领。当年，刘和谦的一篇入学考试文章《海军救国论》（附录4）曾得到陈绍宽的高度评价。可以说，李景森是新中国最早投身航海教育，并作出卓越贡献的航海教育家之一，同时也是出色的中国航海活动家。

今日桐梓

2013年9月初，因写作本书，笔者亲往贵州桐梓。

今日去往桐梓比当年方便多了，飞机1小时15分着陆于贵阳龙洞堡机场，再沿高速公路乘3小时长途汽车就可到达。实际上，现在从广州到桐梓也就大半天功夫。想起当年海校搬迁，师生们从湖南湘潭启程就花了整整一星期，真是天壤之别，仿如隔世！根据规划，联通贵阳至桐梓两地的高速公路已在紧张施工中，这条贯通两地，设计时速为100公里的高速公路将在这一两年内通车。到那时，两地自驾车只需4个多小时，彼此间经济文化的互补性交往将会掀开新篇章。就在我前往贵州桐梓期间，包括粤港澳在内的泛珠三角高层会议正在贵阳召开，就是一个强有力的信号。

比起许多内地城镇，今日桐梓显然还有着早年就开化的“洋

今日桐梓

气”。主要街道不仅干净整洁，还开了许多国际品牌商店，年轻人穿着也十分入时。城镇不算大，坐出租车也就5元一次，可以送你到城镇的任何地方。现在的桐梓，以这些历史及人文事迹作为卖点：一是悠久的文化，据说唐代诗人李白曾经到过这里，此事虽还无法考证，但李白的《夜郎诗》确凿存在于典籍当中；二是该县属于遵义市管辖，遵义曾经召开过的一次会议，已作

桐梓娄山关盘山公路

为一个历史符号，写入了历史；还有毛泽东当年因娄山关战役而写下的一首《忆秦娥·娄山关》，更使该处有了红色旅游的文化内涵。

笔者关心的是当年金家楼的现状，从长途汽车站下车，大概三站路程。金家楼还是原样子，基本架构没变。只是经过了修缮，涂上了灰色涂料，划了砖线，醒目多了，现在的名字是“中华民国海军学校旧址”。陈列馆按当年的功能进行了恢复性陈列，墙上挂着当年的照片，展厅共摆设了600多件陈列品，有真品也有复制品，让我仿佛回到了当年海校的现场。这个民国海军学校旧址，在当地是一个旅游点，可能因为下雨，游人并不多。只见一位当地收藏家协会的孟先生在忙着整理古旧信件。因为他是当地人，爱好收藏，特别是有地方特色的文物，如红军时期的“红色收藏”，还有就是民国海军桐梓学校的文物。为了使自己的爱好更专业，他还自费入读西北大学历史系，身体力行，根据线索到全国各地收罗这两个主题的文物。展馆中的近300件展品由他无偿提供。

按历史记载，当年学员们操练的地方就在金家楼附近的空地上，但是现在围着金家楼四周的已是一排排民居，整齐结实，不失美观。

至于当年的那一条供学生们游泳的溱水河，就在笔者下榻的酒店后面，河面约宽15米，但水流经过的宽度也就10米左右，不少弯处长了杂草。傍晚笔者在河边散步，看到溱水河像全国各地流经城市的河流一样，也已成为居民们的一条排污河。现在要游泳是绝不可能了，一来水质不行，二来河面太窄河床不够深，真是十年河东十年河西。

对面，一个大型的地产项目正在热火朝天地建设中，该楼盘改了一个颇为令人倾羡的名字，叫“溱水半岛”。售楼的先生自称是从重庆过来的，原来该楼盘的主要销售对象是重庆人。为什么呢？“因为在夏天，重庆平均气温近40摄氏度，而桐梓的气温也就20多摄氏度。两地的距离仅200多公里，汽车两个多小时即可到达。重庆人来此避暑已成风气，买楼的人多也在常理之中了。”

虽然时过境迁，自然环境大不如前，但是对于世世代代生活在这里的桐梓人来说，过了那么久的苦日子，现在也该过上好点的日子了。少了一个操场也不是什么大不了的事。至于那条溱水河，当地政府已经说了，一定会在近年进行整治，恢复当年的清澈。但愿这能成为现实吧。

当年的少年学子，均进入耄耋之年。这里见证他们的青春岁月，是他们燃起抗日激情岁月的地方。两年前顶着满头白发结伴回来，仿佛诉说着这座偏远小城曾经的不凡。倘佯在这个小城，周围的青山依旧，心中充满了历史感……

至于金家楼，自从重新修葺复旧以后，就成了当地的一个旅游景点，外地游客只要说金家楼，出租车就会把你带到那里。李景森对金家楼的怀念，却不满足于恢复原貌，使他们可以回想过去。李景森不止一次说，当年他们迫不得已跑到这山里办海校，现在却希望这里的孩子们也要树立向海的志愿。因为随着中国的开放，不断发展航海事业，迈向海洋文明，需要大批的人才，仅仅靠沿海地区是不足够的。在筹办海校旧址陈列馆时，他就多次向当地政府部门有关领导提议，利用金家楼与海的关系，设立教育培训机构，积极与沿海航海院校合作办学，培养航海后备人才，一来可以解决当地人口就业问题，二来可以拓宽下一代的视野，吸收来自外部的蓝色文明，带动山区的经济社会发展，他表示愿意为此穿针引线。

第四章

出国接舰准备参战

接舰由来及过程

向美国提出及争取租借海军军舰、器械一事，对中国抗日战争及以后海军建设影响巨大。事件的由来和过程如何？据赴美受训接舰事件的直接经办人杨元忠[①]《接舰参战与民国海军重建》一文记载：

我国海军，过去半个世纪，不论人员培训或舰械购买，走的不是英国海军就是日本海军的门路，国民政府的时候，还曾派遣若干海军初级军官，去德国及意大利的海军留学。但是对日益壮大的美国海军，却从来没发生过直接联系，在人事关系上就更无门径可寻，只有到处探索，其困难可想而知。

那时美国海军军令部情报处，指定主管中国事务的海军陆战队布恩（DANIEL BOONE）中校作我们接洽的对手。他多年前曾经在北京驻华大使馆做过语言军官，对中国的风土人情及语言，只能说是一知半解。但是不晓得为什么，他对中国人似乎存在着漠不关心，而且不很瞧得起的态度。所以我虽然对他尽力迁就，注意应酬，还是没法把关系拉近。

如此过了近半年，大概美国海军亦觉出情况不妥当，乃从太平洋舰队中，把担任驱逐舰舰长的翟瑞乐中校调回来，专门负责对中国海军联络的任务。他早年亦曾在北京做了几年语言军官，态度与布恩中校完全不同，不但完全没有漠视中国人的脾气，而且和蔼热心，事事肯为我国海军着想，尽力帮忙。这对我这个

① 杨元忠，民国三十二年即1943年作为民国政府驻美武官处工作人员，曾在武官处刘田甫返国述职时代理武官处工作。

过去与美国海军素无渊源的人，实在起了很大的振奋作用。

在这期间，我于华府外交团的酬酢活动中，知道加拿大及巴西等国，正在利用美国的战时《租借法案》，向美国海军进行借舰参战计划。我觉得我国海军近万的官兵，这几年因为没有舰只和水域以供效力，都散处后方陆上，从事于用非所学的杂项工作。如果能向美国海军借到军舰，这些官兵，送来接受短期训练，便可组成一支小舰队，到太平洋协助美海军对日作战。这样我国海军官兵，就有发挥其作用的机会，以增进盟军的声势，并雪我海军四五年来未能为国力战之耻，实在是一举两得的好办法。

……不过美国海军不能主动推行这个方案，必须由中国政府向美国提出申请，方能进行。

我与刘武官共事，已经将近一年，知道他对海军并不是完全外行，但我亦知道他的处世哲学是“多做多错，不做不错”。他的工作主要原则是“树大就招风，要尽量在这个待遇优惠的位置上多留些日子，就得采取低姿势。”……

这时候，我代行武官的职务。……过了个把月，我知道刘武官已经率领49名来美进修的海军尉级，离开重庆，去印度候船东来，这时候我才把这向美国接舰参战的意见书，寄呈在重庆的军令部……

也许是我“人微言轻”，或者是政府的决策阶层对“接舰参战”一案不太重视，或者是政府的行政效率低，阻拦的地方太多，这案报上去之后，大约半年多方才批准。刘武官这时候只好发申请书给美国海军部，要求援用美国的战时《租借法案》接舰参战。[①]

---

① 《碧海同舟》第1～6页《接舰参战与民国海军重建》，收于《上海文史资料选辑》总第106期。

这是知情者的陈述。为了利用美国的《租借法案》为中国抗日服务，有关人士做出的努力，是应该记录在史册中的。

选拔出国人员经过

由于历史原因，海军自清末建军开始，就按地区被分为三个派系，即马尾系、青岛系和黄埔系，各系的所在地都均设有海军学校，即马尾海军学校、青岛海军学校和黄埔海军学校。其中马尾系的海军学校成立时间最早，实力最强，人员也最多，特别在民国成立后的北伐战争中，马尾系海军出了很大力，立了很大功，所以北伐成功后，在南京成立国民政府时，所设的海军部部长就由马尾系的首领担任，名义上统管全国各系的海军事务，但实际上，其他两个派系是由名义上归顺中央的广东、山东两省的军阀各自管理着。而蒋介石也不把海军部看成是忠于自己的嫡系部队，又在安徽江阴派他的亲信设了一个学校，名叫"电雷学校"，培养新式海军武器、鱼雷快艇和潜水艇等方面的人才。该学校由他亲自挂帅的军事委员会直接管理，与海军部无关。

抗日战争开始后，中国沿海各地都被日军占领，上述各海军学校除马尾海军学校内迁到桐梓外，其余先后解散，所以各派系的军舰也都被日军炸沉或自沉了。当时除马尾系的海军人员能继续在海军总司令部（前身为海军部）指挥下到敌占区去布水雷和在三峡地区的炮台上防守外，其他各派的海军人员都分散到各地区其他行业工作了。

在这种情况下，听说有被派到国外的机会，无不想能分一杯羹，都想参加抽选。因此，经办部门考虑后，提出由最高军事管理部门——军事委员会来主办抽选工作，决定凡是符合被抽选条件的，不受所在工作单位的限制，都可以报考。为了公平起见，由抗日战争前的四所海军学校各派教官数人，担任抽选考试的考官，考题则由应考人员当场在一本有关考试课题的课本上闭目自翻一页，然后由在场的众考官根据该页的内容，共同出题，以防有考题在试前被泄露的可能。

说也奇怪，考试结果公布，前三名都是马尾海校的学生。第一名是与李景森同班，在校时考试始终排名第一，也是当年第一个被选派到桐梓海校当学生队长的陈在和；第二名是李景森在本书中曾介绍过的，在敌后江上布雷时被日本人的子弹穿过左右脸颊的同学甘敏；李景森则名列第三；而第四名就是在本书中提及，收复南沙群岛时首先率队登上太平岛的何炳材，他曾就读于黄埔海军学校，后转入英国人办的海关税务专门学校海事班继续学习，毕业后就留在海关工作（根据清末八国联军攻入北京后所签订的国耻条约规定，中国的海关完全由英国人负责和管理）。

这样，李景森就成为被保送去美国学习和训练后，接收美国军舰在太平洋与日军作战的一员了。

辗转赴美

被选中出国的军官，规定于1944年11月1日军官队向军委会第一处报到后，每日上午在重庆市军委会礼堂集中，听长官们讲话，交待赴美接舰参战的任务、计划和要求，学习对外交际礼节、组织纪律等，并宣布出国期间的军官级别，暂时仿照美国海军相应类型的舰上编制，一般比在国内略低1～2级。指定军官队的总领队为梁序昭，副总领队为曹仲渊。“八舰”军官的人事配套，基本在国内安排妥当。各校同学均匀分散在八艘舰，防止搞派系。军官的待遇是，在国内按原工资发给家属，在国外期间发给美金津贴：校官每月300美元，尉官每月230美元，制服和行装除在重庆先发冬制服一套和夏制服两套外，其余在印度和美国发给美式制服。最后一天上午集中在军委会礼堂听蒋介石训话，赠送各人蒋介石穿着“委员长”礼服的半身相片一张。

李景森告诉我们当时的情况：

终于考取赴美资格，我们都期待着尽早出发。但回想起赴美的旅程，可以说是辗转艰辛。

我是第一批赴美的军官（前后一共分三批，其中军官两批，其他学生兵一批）。按照当时设定的路线，我们乘坐美国军方飞虎队的军机，从重庆先飞昆明，然后从昆明飞印度加尔各答，又在加尔各答乘火车跨越整个印度至孟买。在印度孟买坐美国军舰经南太平洋绕到北太平洋，抵达洛杉矶军港。然后再坐火车从美国西部驶向东部的迈阿密。最花时间是在孟买坐船去洛杉矶的航程，用了约一个月。

辗转并不只是很多途经点转来转去周折，而是在这过程中几经艰辛。当时的航空技术没有现在那么先进，尚无喷气式飞机，所以只能在空中对流层飞行。当飞越喜马拉雅山时，因受到地形的影响，空气对流情况会产生急剧变化，一时间飞机会出现上下千余米的急速跳跃，机上人员的五脏六腑像是倒海翻江，晕昏难耐，到达加尔各答时，眼睛都肿了。

本来我们到美国西部，只需从北太平洋直接过去，但因为当时北太平洋是日占区，为了防止日军的袭击，乘坐的从孟买出发的军舰，从北半球起航后，要先南下到南半球，经澳大利亚，然后再北上到美国西岸的洛杉矶市，绕了一个大圈，其间两次过赤道。一般船只过赤道都会举行一个仪式，而我们举行了两次。

过赤道的主要仪式是：船员提前一天选出海龙王、皇后、航海士、理发师，然后全部化妆，敲锣打鼓绕船一周，然后由海龙王点名，点第一次过赤道的船员，第二天都得参加仪式。第二天参加者还要理发，用面粉涂脸，搞很多动作，并由海龙王给他们一个酒杯里面盛着红酒、醋、酱油、胡椒粉等，表示祝贺，等这一杯酸甜苦辣的酒喝下去后，海龙王给他们起带海的名字，如海狗、海燕、海鸥、海豚等，最后把他们高高举起，扔到临时准备的游泳池里，让他们洗个痛快。然后，参加者便会领到一个印有美人鱼的证书，写着某人于什么日子过赤道，留作纪念。这种仪式是过去古人们为了崇拜海龙王，祈福海龙王给远航者以安全，是人们没有掌握更多的航海知识时的一种活动，是对自己的一种美好祝愿，但还是给他们这一群年轻的海上军人带来快乐，给漫长的海上之旅添上一点亮色，给海员一种航海的神圣感，我们至今还忘不了。

洛杉矶在美国的西部，而到东部的迈阿密，还要穿越整个美国，这次坐的是火车。从乘飞机到乘船再到乘火车，从东方到西方，屈指一算，从出发到到达迈阿密，用了整整两个月时间。

更加详细的情况，见以下何炳材（黄埔海校学生，参与赴美接舰军官）、何绍志《抗战期间赴美接“八舰”回国忆述》：[①]

---

① 《碧海同舟》第20～21页，《抗战期间赴美接“八舰”回国忆述》，收于《上海文史资料选辑》，总第106期。

1944年11月上旬军官队（除抽调去士兵队担任中队长的9位外）在上午时分乘坐美国军用运输机两架由重庆出发，下午经昆明机场稍作停留，即飞越喜马拉雅山脉去印度。飞行高度在10000米以上，空中气压低，氧气稀薄，乘客均感觉呼吸困难。虽带上氧气呼吸器，仍有许多人呕吐，有时飞机遇到空中气流，机身急剧下降2000～3000米后，又急剧爬升。这就是世界有名的驼峰航线，中外飞机在此失事时有所闻。我们从窗口望去，可见不少飞机残骸，触目惊心。在喜马拉雅山北面，气温在10摄氏度以下，过其山脉南面，突然升至30摄氏度。在印度达卡机场约停1小时补充燃料后，向西南飞向加尔各答，已是翌日上午7时。该处天气炎热如盛夏，入住旅店后，即改换夏装制服。两天后转乘火车横过印度半岛，至其西岸的孟买港候船，停留了约半个月。

1944年11月下旬登乘美国海军运输舰“戈顿将军”（GENERAL GORDON）号离开印度。这是一艘2万吨级远洋客轮改装而成的。为了避开日本、德国潜艇的活动海区，该舰由孟买开出后，先向东南航行，过赤道至南半球的澳洲东南部墨尔本港。停靠码头数小时后，改向东北方航行，过赤道返回北半球，然后过太平洋驶向美国西岸的洛杉矶港，航行了约一万海里。在航途中，时刻加强瞭望，探测敌潜艇。每日晨曦和黄昏，全舰人员集中在甲板上，穿上救生衣，进入作战部署，做好弃船救生一切准备。据美海军当时统计，敌潜艇多半是在晨昏地平线清晰时，用潜望镜瞄准海面船只施放鱼雷的。该舰于1945年1月2日安全抵达洛杉矶港，泊长滩码头。当日由中国驻美大使馆海军武官处安排，转乘火车横过美国大陆，前往东南岸佛罗里达州的迈阿密城。全队住在“好景饭店”（BETTERVIEW HOTEL）。“中国海军接舰官兵办事处”设在楼下，主任是宋锷海军上校。

1945年3月初，士兵队由汽车送到成都，转乘美国军用运输机若干架起程出国。路线基本与军官队相同。飞越喜马拉雅山后，在缅甸密支那休息片刻，继续飞往印度加尔各答，经历过由寒冬转炎热的气温，大家洗浴后即丢掉国内穿去的冬服，换上新发的美式夏季便军服，再转乘火车至孟买港。3月下旬乘美国海军运输舰“曼恩将军”号离印度，这是“戈顿将军”号的姊妹舰。为给军官们争取些实践机会，通过副总队长与舰方洽商，同意九位军官（中队长）按专业到各岗位上见习，对新式助航仪器、设备和大马力蒸汽涡轮机等的操作和性能有了初步了解。

在航途中该舰保持高度警戒，防范敌方潜艇袭击。为避开日本、德国的潜艇活动区，该舰绕道澳洲南部，到新西兰之后折向东北过太平洋，直到美国西岸洛杉矶港，航程近一个月。

有一天晚上，当经过新西兰附近海面时，舰方宣布雷达荧光屏上有敌人潜艇出现，要求全体人员做好战斗准备。该舰立即采取“之”字航行，不断改变航向，同时降低主机转速，减轻螺旋桨的声响，使潜艇难以发现，鱼雷不易命中，终于闯过险关，安全脱险。

培训

又据何炳材、何绍志《抗战期间赴美接“八舰”回国忆

述》载：[①]

1945年1月初我们军官队去迈阿密海军训练中心学习。当时学员和学兵共3000人。其中大部分是美国人。除我们中国官兵外，还有苏联官兵。中国海军军官分设两个班：航海班和轮机班。1月至6月复习基础课如：天文航海、地文航海、海图作业、船艺、信号、枪炮等，还学习测潜、防空、飞机识别、损害管制等。6月至11月根据接舰后职务分工，参加专业深造班，例如舰长、副舰长学舰船操纵、海上救助、补充给养、布雷、扫雷等；舰务官专学损害管制（救生、消防、堵漏）、船体结构、保养、人事管理、船艺；枪炮官专学枪炮武器（包括深水炸弹）使用和检修、弹药安全保管储存等；航海官专学航海理论、舰位测算、助航仪器使用与保养、航海资料图书更正和保管等；通信官专学各种通信方法、信号及其仪器设备的使用保养等；轮机班的课程有内燃机、电机、各种辅机、电器、损害管制、机舱管理、船体结构等。

教材均为训练中心所编，内容以实用为主，深入浅出，由基础原理至实际操作，面面俱全。对学员均采用直观教学方法，每种课程均有专用课室，内分三间：第一间为讲课室，第二间为电影室，第三间为实物操作室。舰上的火炮、高射机枪、深水炸弹、雷达、声纳等均可在室内操纵，甚至装拆。天象运行、飞机识别、打飞机等均有模拟设备。消防、堵漏在专场以实物演习。由于设备齐全，方法先进，学员很快就能学深学透，并掌握其操作技术。”

---

① 《碧海同舟》第22～23页，《抗战期间赴美接“八舰”回国忆述》，收于《上海文史资料选辑》，总第106期。

迈阿密地处美国佛罗里达州最南临海区域，是一个长条形半岛，也是著名的避寒胜地。每到冬天，大批游客从世界各地来此度假，有的富人在这里买下房子过冬，有的人则在临海的地方租房，有的租一个月，有的租一个冬天，也有的来这里短期度假。太平洋战争开始以后，美国放弃中立政策，但是本土好像还没有太大的影响，人们照常工作、度假。地理条件的优越，气候的宜人，加勒比海的蔚蓝，这一切使初到此地的李景森深有感触。没有战争，这是多么美好的生活！但是，自己的祖国却正在被侵略者蹂躏，人民正在受罪，他没有太多的心思放在这里，全心投入了学习之中。

对这一段历史，虽然过去了70年，但李景森还是记得很清楚。

到迈阿密后，由于他们是军官，所以没有安排住兵营，而是安排住在附近的酒店。这是他第一次出国，很多东西都觉得很新鲜。美国作为一个发达国家，不论周边的环境，还是社会秩序，以及所接触到的人，都显得优美、有序与文明。

这两年的培训，重点是学习雷达、声纳等船舶的新设备及超声波等技术，这在当时都是新兴技术，尤其对打潜艇很有用。至于其他的一些课程，因为他们在海校已经学过，基本都懂，所以压力也不大。学习不算很繁重，总的来说比较自由。至于时间安排，早上两三节课，下午两节，比在国内学习时轻松多了。

上课使用的都是英文课本，授课全用英语。这对他们马尾海校选派的学生问题不大。但也有一些来自其他学校的学生会感到有一些困难。

他们穿的是美国发的军服，享受美国军官的待遇。那时坐公共交通，白人坐在前面，有色人种坐在后面。他们因为是军官，所以也被认为有资格坐在前面。那时的美国，种族歧视还比较严重。因为反对种族歧视，美国社会常会发生各种争取取消种族歧视的抗议活动。

饮食方面，就吃西餐，不太习惯，但也得吃。

除了在课堂上学习以外，他们也常常上美国的军舰去实习，通过现场观看和实操各种设备，掌握使用的各种技术，见识了美国先进的科技。在这过程中，李景森常常会想起我们自己的国家还很落后，什么时候才能迎头赶上呢?

但他们也发现，拨给他们的战舰，与美军所用的同类型战舰有些不同，有些设备被拆掉。估计是美国人还不希望他们掌握那些技术，所以不予配给。这又使李景森感觉到，一个国家科技落后，全靠别国的施舍是不可能的。只能自己发达、强大起来，才不用仰人鼻息。

在美国的第二年，他们的主要学习任务是上舰去现场学习、实操。战舰一般在美国租借的古巴关塔那摩港停泊，关塔那摩港距离他们所住的迈阿密不是太远。记得有一次参观航空母舰“罗斯福号”，给李景森留下深刻的印象。它体型的巨大、配置的完备，还有航母上舰载机所形成的可远程移动的作战能力实在惊人。中国什么时候也能拥有自己的航空母舰？这是李景森当时心中最大的愿望。

迈阿密在李景森面前是一个全新世界。他的眼界进一步打开，视野更广阔，进而也觉得身上的责任更重大。他关心国内的战局，时刻洞悉着二战中两个阵营的力量对比和局势的变化，特别是中国战区中日力量的消长。1945年8月15日，他在迈阿密，在大洋彼岸的远方听到了日本投降的消息，其内心的兴奋简直无法形容。他多么希望能够立刻回到祖国，与全国人民一起庆祝胜利！他真希望能够立刻驾驶着军舰回国！这一段时光，他和同学们特别地兴高采烈。胜利，这是多么幸福的事情！

接舰经过

何炳材、何绍志《抗战期间赴美接“八舰”回国忆述》：①

1946年1月初举行“八舰”交接仪式。由美海军训练司令豪（HOWE）上校交给中国驻美大使馆海军武官刘田甫海军少将接收。许世钧随即宣布派上各舰的官兵名单，并分别交给各舰长本舰的官兵名单。暂用美海军编制。

海军办事处主任宋锷上校于1945年10月调中国驻美大使馆任海军武官，由许世钧接任，至接舰后约一个月，移交给“八舰”指挥官林遵中校负责统率。

“八舰”接收完毕并清点属具物资后，为了使我们快些熟悉本职业务，每舰上留3～4位美海军军官和军士长随舰指导。随着中方人员逐渐熟悉业务，这些人员逐渐减少。“八舰”每天早晨起锚出港，在迈阿密港外墨西哥湾海面操演，日落前返港。各舰由我方舰长指挥，以“太康”舰为旗舰，安排各种队形航行，假设多种敌情，进行各种部署演习训练，例如备战、防空、测潜、击潜、海损堵漏、消防、救生、弃船、通过雷区、海上加油和补给物料、转移伤病人员等。不管气象变化，坚持按计划进行。

这段时间，对我们来说，是一种强化训练，许多人呕吐后再

① 《碧海同舟》第23～25页，《抗战期间赴美接“八舰”回国忆述》，收于《上海文史资料选辑》，总第106期。

进食，坚持工作，坚守岗位，终于摆脱了晕船苦恼，适应了远洋航行。

1946年2月上旬，林遵海军中校到任“八舰”指挥官，即率队开往古巴关塔那摩美海军基地。这是“八舰”组建以来首次进行远距离的编队航行，仍以“太康”为旗舰，成鱼列式队形前进。经两昼夜的航行，抵达关塔那摩基地进行作战训练。

所谓作战训练，在海上不但要熟练各种部署，而且要用不同的航速结队操练，不时变换各种队形。各舰还需根据指挥部的命令，在指定的方位，与友舰保持一定的距离，以便发挥作战能力，还在海上反复进行大规模的实弹射击（舰对浮靶射击、对飞机的拖靶射击等）、击潜、扫雷、救生、救火、堵漏等训练。

在结束作战训练之前，我们还到美国海军的驱逐舰（DD级）实战战区航行和警戒部属，并参观了航空母舰“密苏里”号战列舰。该舰舷梯口甲板上镶嵌了一块紫铜板，刻有“1945年9月2日日本无条件投降在此签字”等英文字样。经过一个多月作战训练，我们进入回国前的全面休整阶段。

另据戴熙愉《国民党海军第一批接收美国赠舰概貌》记载：

除了“八舰”外，中美海军双方决定赠送和接收“峨眉”舰并派它护送“八舰”回国。八艘军舰都是轻型舰艇，续航能力有限，航海设备较差，须有一艘母舰护送。“峨眉”号军舰是当时美国赠送给国民党政府最大的一艘修理舰，原名“MAMI”，接收后去掉一个“M”音译为“峨眉”，排水1.5万吨，吃水最深时为27呎，长475呎，宽56.5呎。装备有对海、对空雷达和罗盘等最新的航海仪器，不仅可以起补给和修理作用，而且对舰位测定也有很大帮助，是编队不可缺少的一支力量。它是美国历史最悠久的修理舰，1915年参加过第一次世界大战；1920年退役，第二次世界大战复役，1943年，经过重新改装和添置新武装设备，成为一艘能完成主要任务的修理和运输舰，现在它成为“八舰”的母舰。该舰在护送我们的过程中起了很大的作用，给指挥官解除了许多顾虑。1946年7月送我们到达长江口后，奉令直航青岛。1946年7月在青岛举行了“峨眉”号的接舰仪式。当时的海军代总司令桂永清亲自参加这个仪式，并当场宣布梁序昭为该舰舰长的命令。①

离开迈阿密

1946年4月，一批八艘军舰从关塔那摩港起航回国。

李景森他们身穿黄色咔叽海军服，飒爽英姿驾着军舰迎着海风，驶向太平洋万里碧波。

这是李景森人生当中最引以为傲，也是最阳光灿烂的时刻。因为在国外勤奋学习两年期间，第二次世界大战刚刚结束，正义迎来了胜利，世界一片欢呼。而他此时学成归国，年仅二十五岁的他，风华正茂，一腔青春热血，渴望报效祖国，而此刻，也正是他报国的好时机！

他驾驶回国的军舰当时取名“永泰”舰，他被派任舰务官。

1946年美国所赠送的“八舰”，虽全属护航驱逐舰和海岸巡防舰类型，排水吨位不算大，但装备先进，回国后将成为中国海军重建的基础。按照安排，在回国途中，全队八艘军舰沿途对加

---

① 《碧海同舟》第30页，《国民党海军第一批接收美国赠舰概貌》，收于《上海文史资料选辑》，总第106期。

勒比海和太平洋的八个国家和地区进行访问，并慰问侨胞。这在中国海军史上是最大的出访舰队。当时又正值第二次世界大战结束不久，中国以战胜国的姿态出访，这是国家对外宣扬国威，激发海外侨胞爱国热情的重要举措。也将是我国海军史上的光辉一页。

4月的加勒比海，和风阵阵，蓝色的海水无边无际。崭新的军舰犁开万顷碧波，给蓝色的海面留下一条蜿蜒的银带。海鸟在海面上飞翔，它们好像有无穷的力量，可以飞越无论多么辽阔的海。

阳光与海风拂面，站在甲板上的李景森浮想联翩。

也许年轻的心本来就与大海相通，就属于大海；也许因为从小就在海边，听着大海的涛声；也许是他经常看的中国地图有太多的蓝色，这次航行使他对大海陷入痴迷。眼前的大海就像是他的情人，百看不厌，钟情不已。

但被战争蹂躏过的世界，百废待兴，正需要建设。国内的情况怎么样？这一切都是李景森和接舰的官兵们所关心和迫切想了解的。

李景森就是以这样的一种既兴奋又有些茫然的心情踏上归程。

原定中国海军官兵接收“八舰”后即与美国海军一同参加对日作战，由于1945年8月15日，日本已宣布无条件投降，这一计划也就不必实施。1946年4月上旬，取名“太康”、“太平”、“永定”、“永顺”、“永胜”、“永宁”、“永泰”、“永兴”的八艘军舰和一艘补给舰组成的舰队，以中国海军前所未有的威武阵容驶离关塔那摩港，第一站为古巴的首都哈瓦那，然后是巴拿马的科隆港。向南通过巴拿马运河后，抵达巴拿马城。出巴拿马湾后，沿中美洲西岸向西北航行，至墨西哥的阿卡普尔科港。然后再驶往美国西岸的圣迭戈和洛杉矶，出太平洋去夏威夷，再向西经中途岛补充油水物料和配件后，续航至日本的横须贺港。

“永兴”号军舰全体官兵合影（选自《上海文史资料选辑》总第106辑）

“八舰”凡到一个国家或地区，均停留4～6天不等。这次回程，中国海军编队均受到所访问国政府领导人的欢迎和接见。当地报纸无不以大篇幅在第一版报导，尤其是华文报纸，媒体为二战的胜利，为中国的舰队胜利回国表示庆贺。

各地华侨都纷纷派代表来舰表示致敬，感谢祖国以这样的大型舰队带给他们来自家的温暖，认为这是中华民族的骄傲。一些老华侨诉说，40年前他们以“卖猪仔”身份被帝国主义者骗到国外，外国人瞧不起华侨，现在可以扬眉吐气了。

特别令人感动的是，当舰队驶抵夏威夷时，华侨扶老携幼到码头看望祖国海军。每天早上6时，码头上就停满华侨开来的汽车，他们接官兵们或去游览参观，或参加家宴。有的家庭按照当地的习惯，全家跳草裙舞以示欢迎。“八舰”离开夏威夷时，他们到码头挥泪送别。

舰队到墨西哥的阿卡普尔科港后则是另一种景象。当地政府派出飞机接指挥官和军官们去首都墨西哥城游览。墨西哥总统亲自在总统府接见，并以专供总统享受的特级雪茄烟相赠。

李景森最难忘的是其中的一个情景：

“我们停留在墨西哥的港口时，有一天，来了一群中国面孔的人，多是中老年人。他们的眼睛盯着舰上的中国国旗，目不转睛。至今我都忘不了他们的眼神，那种带着渴望、兴奋、幸福，又有点委屈的眼神。有些人眼中还含着泪水。我更不会忘记的是，这些年过半百的华人，竟扑通一下跪在国旗下！我想，当一个国家积弱，海外的华侨也抬不起头。现在终于看到了祖国的海军编队，威武雄壮，能不感慨吗？这是他们对来自祖国亲人感情的直接表达。”

这就是海外的华人！25岁的李景森从此记住了这一幕，祖国，这是多么神圣的名字，多么令人景仰的存在！不管她在多远、时间过了多久、经历过多少灾难、甚至给过你多少委屈，她在你心中永远无法被取代！

李景森还记得也是墨西哥时的一件事：

他们遇到的一个当地人说，在当地有一个节日，是纪念一位中国公主的。说的是在很久以前，有一位中国公主来到了墨西哥，她在当地结婚生子，并带来了东方的文明。她受到了当地人的爱戴，后来人们为了纪念她，设立了这样一个节日，在某地还有一个纪念碑……

李景森觉得可能确有其事，这个公主应该确有其人。因为在当地有这位公主的详细记载，还有一个纪念碑。他没有查证她是如何到达墨西哥的，可能是在历史上，曾经有一艘中国商船航经墨西哥湾时沉没，绝大多数人遇难。这个年轻的女人被当地人救起，后来就成为了当地一个贵族的妻子。她与当地人繁育后代，一个黄种人与棕色的当地人结合，还带去了东方的文明……

很多人一说起这件事，就会说是中国人发现了美洲大陆，其实在李景森看来，谁发现的并不最重要，重要的是他们现在共同在美洲和谐地生活。这件事使他感觉到，中国曾经有过发达的航海历史，我们的祖先绝不是仅仅满足于大陆的生活，他们还有遥远大海的梦想，蓝色的梦想……

无独有偶，笔者不久前曾到加勒比海旅行，也听到当地的导游说，有这么一个中国公主最早来到墨西哥的故事。从70年前李景森所听说的故事一直流传至今，而没有被另一种解释取代来看，或许果真属实。当然还有早于哥伦布发现新大陆的郑和七下西洋发现美洲，关于这件事的真实情况，有待于航海历史学家去考证。但中国曾经是世界海洋大国，却是没有什么疑问的。

关于驾舰回国到达日本时的情况，李景森也深有感触，他告诉我们，他们到了日本，也照例在横须贺停留几天。战败国日本即接他们去东京观看战后城市景象，他们身穿中国海军制服，精神抖擞出入火车站，走盟军专用通道，日本人见他们还纷纷鞠躬。

首都火车站顶和天皇皇宫前广场被盟军飞机炸毁的痕迹尚历历可见。对发动战争的日本，它的被炸理所当然，然而对于那些无辜的东京市民，他们的经历不也是痛苦和死亡？这让李景森有所感触。

慰问当地华侨是他们的安排之一。当地的华人见到他们身穿中国海军制服威武的样子，又是战胜国，都感到很自豪，与他们碰面的时候纷纷举起大拇指。他们也见到街头的日本人，那是些劳作的工人，正在吃便当，见到中国的军队，他们都低下了头，好像带着一些歉疚。但他们显得很有纪律和团队精神，即使吃便当，也坐得整齐，态度很认真。这是李景森至今也忘不了的。他觉得这么一个有纪律和认真的民族，走上侵略道路时是可怕的。日本人在中国所犯的罪行，他这一辈子都不会忘记。但话又说回来，当日本人把这种精神用于建设上，应该也是“惊人”的。

这次长达两个多月的航行，既使李景森尝到了航海的无限乐趣，也在海上经历了风浪。航海是辛苦的，海上无风三尺浪，有风浪滔天。他最近接受媒体的采访时多次说过：“搏击大海的精神，要从小培养，我经过的那八年的训练，使我终生同大海结下不解之缘，海上风浪苦，晕船苦，看你怎么看待。大风大浪来了，我总是迎面站住，浑身浇得透湿，也绝不退缩。心里喊着，再来一个！在大海上航行，做事业，都要这种精神。”

何炳材、何绍志在抗战期间赴美接“八舰”回国时回忆说：

“八舰”访问的最后一站是日本。在圆满完成访问和慰侨任务后，舰队于1946年7月21日胜利回到南京，军政部、海军总司令部官长到下关锚地检阅了“八舰”舰队。

不久各舰即改用民国海军编制，人员也有大幅度调整，官兵一般提升1～2级。

这是后话。

第五章

走上大学讲坛

脱离民国海军

完成收复西沙及巡航南海诸岛以后，李景森回到广州。不久，接到民国海军当局的命令，要“永兴”舰北上。

李景森关心时政，他看到国民政府日益腐败，物价飞涨，民不聊生，北上显然就是要参加内战。这是他最不愿意看见更不愿意参与的，他决定重新选择规划自己的生活道路。

李景森决定脱离民国海军。但怎么才能达成自己的愿望?

这时李景森想到自己已经12年未曾回家，这是他此时所想，也是拒绝北上的理由和机会。于是他以回老家福州探亲为由向上级请假，获得批准。

李景森离开了海军。准假的期限过了很久，还不见他归队，国民党海军方面发出了通缉令，宣布他背叛了海军，要受到军法处置。

当时，在这种情况下被通缉的并非李景森一人，因为类似的案例已大量发生。由于当时国民党已十分腐败，军队中逃离之风盛行，受到通缉也只是一种形式而已，不足为奇。

离开海军，李景森首先做的一件事是更改名字。他用在美国时使用的英文名字翻译回中文，取名李敬先。

当时的户口管理制度不像现在那么严格，改了名字，也没有人管。本来政府所管理的个人档案就不完善，加上内战当头，更是无暇顾及。

后来李景森以李敬先之名，在民国政府设在福州的行政院救济总署福州分署找到一份工作。这可能是因为他一来懂英文，二来有海洋工作经历，难得的是他还有与海及船舶有关的专业知识，福州分署就接收了李景森，让他担任物资管理局技师，专事接收和管理国际救援组织捐赠给中国的有关渔业物资事宜。

当时李景森被告知将立即要做的一件事是，接收一批由美国来的远洋作业渔轮。

李景森对于这项新的工作兴趣很浓，因为他退出民国海军后，毕竟找到了一份差事做，而且这项工作还是与海和船有关。在李景森心里，只要与这两者有关，就觉得他的专业没有丢，生命就有了价值。

他很有兴致地开始工作。为了接收这一批预备中的美国捐赠远洋作业渔轮，他看渔船的技术文件，翻译有关的说明，更重要的是做出整个项目的计划：怎么招聘人员、应招人数、确定人员培训地点和培训内容、培训时间等等。他觉得能在内战的时候做做这些有利于民生的事，安心、值得、有意义。

不过这件事并没有结果。

1948年，国内战局每天都在发生变化，共产党南下的大军所向披靡，国民党军队兵败如山倒。政府机构运作受到越来越严重的影响，当他们要找培训地点时，战争已打到上海。不久，福州分署的工作完全停顿，到了1949年初连机构也解散了。这件刚刚开始的工作便无疾而终。

想改行从商

1949年，李景森所在的单位——行政院救济总署福州分署解散，不久福州也解放了。此时李景森的对外联系（包括与在海军的同学间通信）都中断了，只能呆在家中，感到十分无聊，这一年他才28岁。为了今后的生活与出路，他想改行学他父亲一样去从商。父亲当时正在江西南城开设火柴制造厂。

为什么会在江西开火柴厂呢？说来话长。

抗日战争爆发后，我国沿海地区皆被日军占领，福建省也不例外。为了避难，李景森的父亲带着全家逃离福州到闽北，并与友人在光泽县合办一间火柴制造厂，名为“民生火柴制造厂”。数年后，他一位姓杨的老同学被派任江西省建设厅厅长，此人很有办事能力，为了发展当地经济，采用招商引资的办法，大力设法引进外省资金参加本地开发，极力劝说李景森的父亲把工厂搬迁到了江西境内，于是工厂就先迁到江西临川，后又迁到江西南城。

福州解放后不久，李景森就去了江西，虽然经过半年多时间的生活和参与，但他在思想和感情上总是格格不入，总觉得与他的理想相距太远。同时他舍不得丢弃花了10多年时光所学习的航海专业知识，也无法割舍已培养成的对大海的感情。因此，1950年他又回到福州，放弃了改行从商的想法。

进入教育战线

全国解放后，中国社会发生了巨大的变化，使李景森看到了祖国发展的美好前景，他希望自己也能投入社会，为祖国的建设发展出一点力。他努力寻找着一个符合自己所学专业，哪怕是还要不断地学习才能适应的工作，但一直未果。直到1951年的一天，一位陌生客人到家来访，邀请他去参加一个与他当时愿望相符的工作，即到航海院校当教师。这事的前后过程，还要从头说起。

新中国成立后，当时全国在航海教育方面有三所高等院校，其中规模最大、历史最久、师资最强的是设在上海的“上海航务学院”，它的前身是“国立吴淞商船专科学校”，另外两所是设在大连的“东北航运学院”和设在厦门由著名爱国华侨陈嘉庚创办的“集美航海专科学校”。

由于当时在北方航海领域的师资比较缺乏，因此，东北航运学院派时任该院航海系主任的黄廷枢去南方聘请教师。黄也是一位老海军，毕业于马尾海军学校，比李景森高好几届，曾留学过英国，但与李景森并不相识。在他离开大连前，听刚被聘任到该院的老师陈心铭① 说起李景森的情况，因为陈心铭也是毕业于桐梓海军学校的学生（轮机班“定远队”），也是福州人，曾到福州李景森家拜访过。因此当黄廷枢到达福州后，就按陈心铭所给的地址找到了李景森，并动员他到大连的航运学院工作。当时李景森因对东北的情况不甚了解，答应考虑后再作决定。

而就在此时，李景森接到他的一位老友陈嘉震② 寄来的信，信中叫他不要去大连而去上海。

这是怎么一回事呢？原来陈嘉震也是马尾海军学校学生，比李景森早三届毕业，曾被派去英国留学，也曾在桐梓海校工作过，与李景森关系较好，解放前彼此之间常有来往。1946年

---

① 陈心铭退休前任集美航海学院院长。

② 陈嘉震退休前任上海海运学院院长。

他离开海军，到当时设在上海的“国立吴淞商船专科学校”任教授，解放后改任副教务长兼航海系主任。此时他正好因公去大连，到东北航运学院访问，从以前的学生陈心铭处，得知该院要聘用李景森的消息。因为当时上海航务学院也需要航海教师，他就立即从大连写信给李景森，让李景森不要去大连，而去上海。

这一下就同时有两个地方邀请李景森去工作。最后经过权衡，李景森决定到上海航务学院去，婉拒了大连方面的好意。

就这样，李景森进入了教育系统，开始从事航海教育工作。

讲坛对李景森来说是一个新的领域，新的挑战。过去他在学校当过学生队长，做过管理学生的工作，尽管这些工作也包括管理和辅导学生上课时间以外的学习，但那毕竟不是当教员。而现在，他将是一名教师，要向学生系统地讲授有关的知识。为此，李景森专心致志地将航海学教科书作了全面的复习，并大量阅读了包括教学方法及其他多方面有关的参考书，做充分的课前准备。

由于准备充分，他第一次登上大学讲坛似乎没有太多的怯场，反而有一种当教师才会有的神圣感。他打开讲义，向学生讲述航海的有关知识。而一旦进入了他热爱和熟悉的大海和航海领域，就像是鱼儿跃进了大海，面前的讲义，仿佛变成了一片无边无际的蔚蓝，波涛万顷，而他自己就是驾驶着这艘航船，领着一群年轻的船员迎着风浪，在浩瀚的蔚蓝中航行的船长。经过几年的分别，现在他似乎又重新与海建立起了联系，又重新闻到了大海的气息。理想又一次在他的航海学书本上展开，他得到了极大的满足。他热爱这项培养航海后继人才的工作，他在讲坛上辛勤耕耘着。

1953年，国家决定对全国的教育资源进行整合，同时对分布地点进行调整。交通部决定将当时分别设在三地的三所航海高等学院合并，新的校址拟在上海、天津、大连三地中选其一，并将选址任务交给上海航务学院。

并校选址

选址这件事具体落在了上海航务学院的两个人身上，一位是周应聪教授，另一位是曹仲渊总务长。他们负责到上海、大连、天津三地考察，然后将考察报告先送学院领导研究、考虑后再交由交通部做最后决定。而最终的结果是将新校址定在大连。

就航海学院选址来说，大连确实是一个好地方，虽然在航运环境、办学历史、学生分布集中度、师资条件等方面不如上海，但是大连也是一个北方的沿海城市，充满了异国情调。二次鸦片战争以后，它四次被俄国占领。1905年日俄战争后由俄国转让给日本，日本又占据了长达40年。日本投降以后，当年建设起来的俄式日式建筑大片空置，而这些建筑都位于大连最好的地段。当年大连被占据后，这些地方都被殖民者占用。现在日本人和苏联人走了，这些临海而建的房子还未派上用场，海风阵阵，景色优美，用于建造大学，再好不过了。另外很重要的一点就是，当时大连属于三线地区，有安全保证。之后大连也因成为全国唯一一所高等航海学府所在地而更加闻名。

1953年，随着上海航务学院并入新成立的“大连海运学院”并迁往大连，李景森也随之到了大连。

上海吴淞商船专科学校前身南洋公学

大连海运学院前身吴淞商船专科学校

大连海事大学

卓东明40年代末摄于吴淞商船专科学校

把苏联专家的作用发挥到最大

李景森到大连海运学院后，除了生活地点的改变，他的教学、学习、工作也面临着较大的改变。

当时我国是社会主义阵营的一员，各方面均向苏联老大哥学习，可以说中苏关系正处在蜜月期。实际上苏联也确实比我们优秀。因此，各行各业各方面都要向老大哥看齐，包括教育。这样，学院原来按英式教育模式培养出来的教育理念甚至语言，都要重新学习、校正。教材也选用了苏联的俄语教材，李景森便面临如何学习掌握俄语的问题。

当时学院开了一些俄语的培训班，但并不系统，实际上也就是利用一两个月时间，组织每周两个半天的培训而已。同时正常的教学工作也不能耽误，实在是没有太多时间参加系统的培训。李景森的俄语学习更多依靠自学。这也多亏他有较好的英语底子，并通晓航海专业词汇，自学一段时间后，虽然不会说，但靠翻字典基本能阅读。在这段时间，他竟可以凭着自学的俄语加上查词典，翻译了一本由苏联航海专家巴兰洛夫关于航海学的课程参考书，帮助学生的学习。

李景森说，他在大连海运学院的工作时光是很值得怀念的。当时学院里有两位苏联专家，分别是航运管理教育方面和航海教育方面的。其中教航海学的专家就在他担任主任的教研室工作。

这位苏联专家叫巴兰洛夫。说来也巧，初次见面彼此认识以后，李景森发现他原来就是自己不久前翻译的俄文教学参考书《利用扇形无线电指标在海上测定船位》的原著作者，一位在苏联国内也颇知名的航海教育方面的专家。当他知道李景森已经把他的著作翻译成中文时，非常高兴。他们很快就成了好朋友。这对他们后来的教学工作大有帮助。

后来任大连海事大学副校长的杨守仁教授不但是航海教育专家，也是俄文专家。当年他除了全面负责接待这位苏联专家外，还担负着苏联专家的文字翻译和讲课时的口语翻译，对李景森在向这位专家学习的全过程起了极大的帮助和指导作用。

记得有一次，他们在校园边走边聊，巴兰洛夫带开玩笑地说：“你们这里也可以叫农业学院啊，你看校内栽种的是农作物，附近又都是农田。学生也缺少增强海洋意识的培养和训练。”

这句话触动了李景森的平常所想：怎么我们这个学校没有海洋的味道？

这时他更明确地意识到："对，海运学院就是要注重学校的海洋气氛。"

于是李景森向学院提出"加强对学生进行热爱海洋、热爱航海教育"的建议，得到了校方的同意。不久以后就在航海系设立了一个有学生参加的"航海气氛组"，李景森当该组的组长，开始进行关于这一方面的工作，包括提高校区和学生的学习与生活场所的整洁标准和检查办法，扩大和完善设在校前海岸边已有的航海活动基地的场所和设备，并规定每个学生必须参加海上活动的时间和项目，包括在海上划船、驶风和游泳等，以增强学生对大海的认识、理解和热爱。李景森当时授课的科目中有一门《海图作业》，他还请专人画了一张"郑和下西洋全部航线"的有色挂图，挂在进行海图作业实习的专用课室内，以造成增强学生海洋意识的氛围。

苏联专家1957年到大连海运学院，但不久受中国共产党与苏联共产党在对斯大林的评价、无产阶级专政、无产阶级国际主义等问题上分歧的影响，以及在中国国家主权问题上产生的不愉快，1959年，苏联高层决定把在中国的全部专家撤回。

虽然中苏两党关系恶化，但李景森他们和苏联专家个人的关系还是不错的。苏联专家回国时，李景森专门从大连到北京送行。临别时巴兰洛夫显得有些依依不舍，言语之间，知道他还惦记着他的中国学生，担心他们以后的学习会不会遇到困难。苏联专家对航海专业技术的专注及敬业精神，令李景森很感动。

当知道苏联专家将要撤走后，怎么最大限度地发挥苏联专家的作用，怎样趁他们还没走的时候，尽量留下他们的宝贵经验，以变成我们的财富，是当时李景森想的最多的。他向我们讲起当年怎样最大限度地发挥苏联专家作用的情况：

在1958年暑假，他建议趁苏联专家还没撤走（已有风声将要撤走），请他们与学院有关人员共同考察中国航行安全方面的现状，好留下他们的宝贵意见及建议。他的意见报告到交通部，部里不但很赞成，还派出了相关专业机构的领导及技术人员一同前往考察，其中交通部水运局副总工程师、总船长周启新[①]也在同行之列。

当时因为台湾海峡还被美国第七舰队封锁，南北还不能通航，李景森与学院的另外两位同事（船艺教研室主任王逢辰和电航教研室主任陈祖慰[②]）一起陪同苏联专家，从大连坐船到上海。周启新等交通部的3人则从北京坐火车到上海和他们汇合，然后一起坐火车南下广州，再从广州坐船到海南岛，把我国沿海船舶集中的主要港口都巡视了一遍。其间，专家对如何规划我国的航海事业，解决当前的存在问题，提出了很多很好的意见。而李景森最关心的是航海教育方面的问题。在旅途中，大家谈了很多，不但听苏联专家讲他的看法，李景森与周启新也很谈得来。李景森在很多问题上的看法和意见都得到了周启新的赞同。最后，根据所谈内容，也根据考察得到的我国各地当时航运管理、航海教育等存在的实际问题，考察组向学院和交通部提出三条建议：一是组织更多的人听取专家讲课，除了学校方面的人员以

① 周启新，航海家，海运管理先导者之一，中国航海学会创始人之一，毕生致力于发展航海事业，为中国航海事业的发展作出了杰出的贡献。他历任上海通成公司船长、上海航政局航政处副处长、交通部海运总局航政处副处长、交通部港监局、水运局副总工程师、交通部科技委委员。

② 陈祖慰后来出任大连海运学院院长。

外，还可以邀请各地交通部门从事航海管理、教育、航运实践的有关人员参加听课，以扩大知识面，学习更多航海新知识；二是出一套面向全国广大一线船员的航海知识丛书，供正在航海战线工作的船员学习参考，提高他们的素质；三是建议经常举办针对船员休假的短期培训班，即在船员每年公休时，可携带家属到大连，家属来大连避暑游玩，船员则参加短期培训。

1958年8月考察时，李景森（右）与周启新在上海黄浦江船上合照

这些建议均获采纳，组织实施的结果是其中两项得以实现。李景森具体负责丛书编写的工作，他和学院有关教研室共同研究选题，组织高年级学生在本课程老师的指导下，运用自己学到的知识进行编写。在大家群策群力下，这套航海知识丛书一共编写出版了十多本。据后来各方的反馈，丛书基本起到了普及航海知识的作用。因为当时从事航海的船员大多没有经过专业的培训，有的文化还很低，编写的丛书正是从最简单最常遇到的问题入手，有的放矢，用最通俗易懂的语言，解答他们经常遇到的问

题。组织有关方面人员听专家讲课也得到落实，效果也不错。就是第三条利用船员休假带家属到大连参加短期培训，这一项没能实现。可能是因为船员太分散，每次公休时间又不多，各自都要处理很多家庭事务，情况复杂，执行难度太大，最终不得不搁置。

新中国成立以后，一切领域都呈现出生机勃勃的景象，李景森从事的航海教育领域也不例外。

一批批年轻的学子意气风发地走进新中国自己的神圣的大学校园，教师们虽然是从旧时代过来的，但他们焕发出了新的思想和动力。这一段时间，李景森在教学和科研上硕果累累。他主持并参与编著了新中国第一本航海教科书——《航海学》。

而在航海专业名词方面，李景森也以科学严谨的态度来对待，如当时国内常用的根据地球的圆球形展开为平面图形的“渐长纬度”（Meridional Part）一词，李景森经研究认为，将其改为“纬度渐长率”更为科学合理，获得了业界的认同，并得到“全国航海技术名词审定委员会”的通过。“纬度渐长率”一词现已为全国航海学界所通用。

除了用心航海教育，主持并参与编著、翻译了航海教科书《航海学》外，李景森还编著和参与编著、翻译了大量航海书籍，包括：《雷达与航海》、《近代航海方法》、《海上航行注意事项》、《雾中航行》、《航迹推算》、《海图作业须知》、《双曲线系统无线航海仪器的定位原理和方法》、《利用扇形无线电指针在海上测定船位》、《航海过失》等。

而大连海运学院属于刚刚成立的学院，又是国家确认的航海方面的最高学府，集中了原来全国各地最优秀的师资，开办以来培养的大批人才，成为活跃在海运、远洋、救捞、高校、交通行政机关和科研机构的重要力量，不少人更成为各方面的领军人物。

1989年，李景森在大连海运学院门前留影

在李景森的一叠旧文件中，我们看到了一封20世纪50年代毕业的学生寄来的致敬信，全文如下：

敬爱的李景森老师：

今天，我们53届甲班的全体同学，从海内外汇聚在上海，以纪念我们毕业50周年。

50个春秋，流逝匆匆，同学们都已步入古稀之年。

当我们促膝围坐，畅叙半个世纪以来的人生历程及重温同窗情谊，在这情谊馨浓之际，我们忘不了并深深眷念教导我们的老师们，往日的师生情感，老师们在课堂上及课余的崇敬形象犹历历清晰在目。老师们谆谆教导，孜孜教学，严格耐心，师长风范犹铭记在心。老师们的崇高品德，道德风貌与人格魅力，更直接或间接地影响着我们的一生。

几年的教学，使我们终身受用，为我们投身建设祖国的航运事业打下了基础，也为我们树立了做人的榜样。今天，我们可以骄傲而无愧地向老师们禀报，你们的学生都为我国的航运事业的建设、发展，贡献了我们毕生的努力。

此时此刻，我们这群重温童心的“老翁”，共同扼笔撰文，向您李景森老师，敬表我们的感激之情，深切思念，与真挚祝福！

祝老师健康长寿，

阖家平安，欢乐！

大连海运学院

1953届甲班全体同学敬上

2003年10月24日于上海

从这封信中，可以看到李景森作为一名教师的所作所为，是如何得到学生们在几十年之后仍存在着的怀念和敬爱。

在过去的漫长岁月里，在李景森从事教育和学会的工作中，当遇到困难时，也常会得到在各个岗位工作的学生的相助。现在，李景森的学生都退休了，学生的学生正在岗位上，从事着他们的师长们数十年为之奋斗的事业。我们祖国的航海事业就这样在一代又一代航海人的努力中延续着，发展着……

重返南方

1960年，在大连海运学院工作的李景森遇到了新的情况：

他接到交通部的调动通知，安排他到广州新成立的广东航运学院工作。而当时大连海运学院有的领导对此调动有异议，认为苏联专家刚离开一年，他建议的工作还未全部完成，最好能报请交通部暂缓调动。

这样，李景森就面临着“走”还是“留”的抉择。

李景森的妻子也是福州人，身体较弱，随他到大连之后，由于适应不了北方的气候，犯了严重的哮喘病，每到冬天就发作，一年比一年严重。

在对工作和家庭两方面进行考虑后，李景森认为“走”还是上策。于是为避免情况有变，他在妻子因工作关系无法立即离开的情况下，独自一人先行离开大连南下报到。从而结束了长达八年的北方生活。

广州航海学院的成立

1958年开始的“大跃进”，在各行各业掀起一波波跃进高潮。在这股风潮之下，凡是有一个厅建制的系统几乎都办一所本系统的高等院校，可谓办大学的“大跃进”。但随着后来的三年困难时期，财政资金困难，许多因狂热而上马的项目纷纷下马。上级决定，李景森所在的广东航运学院也与交通口的铁路、公路、邮电等三所学院进行合并，更名为“广东省交通学院”。新院址设在广州石门的原广州铁路学院，原因是那里有现成的房子，地方又够大，教工们都能住在那里。于是李景森与原航运学院的全部教师和学生一起搬至新的院址。

但是好景不长，刚办起来不久的广东交通学院还没立稳脚跟，政策再一次紧缩。这所合并成立的新学院也奉命解散了。这就是“大跃进”浮夸风最后导致的结果。

关于那一段动荡时期的历史，李景森记得很清楚，虽然有时很无奈，但他也尽力顺势而为。

这时大连海运学院想调李景森回去，负责院校调整的工作组人员对他说：“如果你同意，大连很希望你能回去。不过，组织尊重你个人的意愿。”因为当时广东航运科学研究所也有意调他去该所工作，而且考虑到假如调回大连，妻子的哮喘病又会复发。所以最后他还是留在了广东。

不久，广东省航运管理委员会撤销，成立广东省航运厅，于是他又成了航运厅的人员。再后来，大约是在1962年，交通部在广州恢复“交通部广州海运管理局”，统管华南地区的海运业务。李景森学的是航海，不是内河航运，希望能专业对口，调到海运局去。经过多方面的努力，最终获得组织同意，如愿调入新成立的海运局工作。

他被安排在广州海运局做航运安全方面的工作，具体部门是安全监督室。当时广州海运局直属交通部，是部属单位。

这样，李景森的教育工作也就结束了。算一算，他从1950年到1962年，七转八转在教育部门工作了十多年，一旦要离开，还是有些舍不得。但转想，在航运企业，也是同航海打交道，甚至是打更直接的交道，也就转过弯来了。想想在航海教育院校工作的这一段时间，正是我国航运事业刚刚起步的历史时期，能够培养出新中国的第一代航海人才，而且他们都已开始进入航海实践，自己应该也无愧于过去的十年了。

李景森就这样，可以说是有点无奈地离开了他所热爱的航海教育岗位，但他对航海教育的梦想并没有就此终结，反而是更加坚定、执着。

首先他觉得广东是沿海大省，曾有两任省领导人从事过与航海有关的工作，而广州更是一个航海历史悠久的光荣的城市，当年省港大罢工的海员工会就在这里。该地区航运业发达，居民在海外多有亲朋故旧，对航海的认识也比内地要深得多；其次是这里地处珠江口，面向南海，毗邻港澳，气候温和，四季如春，适宜办学。第三，这里因航运企业多，航海事业发达，需要大量的航海人才。这样的地区怎么能连一所航海大专院校都没有呢?

虽说“谋事在人，成事在天”，但李景森为实现梦想的努力从未停息。

之后的数十年里，只要有机会和在适当的场合，他就大声疾呼，奋力争取，在先后三任交通部长任职期间，他都曾在部长出席的会议上，陈述在华南地区特别是广东开办一所航海大专院校的必要性，提出办校的建议。其中最早一次的是在“文化大革命”结束不久，参加全国科学大会期间，时任交通部部长的叶飞将军召集参会的交通系统代表，听取他们对交通部今后在科技方面的意见和建议时，李景森发言提出，需要在华南航运中心的广东省成立一所海运学院，并具体说明了必要性和可行性，叶部长听后点头表示认同。

也是在这一段时间里，他通过努力，说服大连海运学院、广州海运管理局和广州远洋运输公司三个单位同意，在广州合办大连海运学院广州分院，教师和教育管理由大连方面负责，校舍场所及设备则由广州方面提供。这一构想得到交通部教育管理方面领导的初步赞同。大连海运学院也为此先派一位领导来广州了解情况，后由院长陈祖慰（他也是李景森在大连工作时的同事）亲自来广州考察后，决定上报交通部。

交通部经过全面考虑，最后决定改由设在湖北武昌的武汉水运工程学院到广州，筹办武汉水运工程学院广州分院，后来该院还聘请了广州地区的卓东明、叶嘉畲、林秉中等一批资深航海专家为客座教授。交通部曾下文委任李景森为筹备组顾问，李景森在上海航务学院和大连海运学院任职时的同事、青岛远洋船员学院院长张克仁被任命为筹备组副组长，后来张克仁出任广东航海专科学校的首任校长，为广州航海学院的建立做了大量的基础工作，有着很大的贡献。

后来该分院改为直属广东省的广东航海专科学校。经过多年的努力，学校在各方面都取得了巨大的进步和发展，终于在2013年9月，经国家教育管理部门批准，升格为广州航海学院，成为广东省一所名副其实的航海高等学府。李景森被邀请参加该院于2013年9月召开的成立大会，并被邀请向该院全体教师作经验介绍。李景森作为该院从无到有，从弱到强过程的历史见证人，向大家介绍了学院的全部校史，还以曾是一名航海教育工作者的身份，向同行们提出要把中国从目前的海洋大国发展成为海洋强国的中国梦，作为每一个航海教师的奋斗目标。在日常的教学中，还要注意把认识海洋、热爱海洋、征服海洋的热心和雄心紧密地与教学结合起来，以培养出符合标准的航海人才，得到了与会全体教师们的热烈反响。

李景森终于看到了他长期为之努力的心愿得以实现——在祖国南大门的广州，也有了一所专门培养航海人才的高等学府。对此他感到无比欣慰。

第六章

倾心航海学会

中国航海学会[1]是由航海科技工作者及交通、海军、海洋和渔业系统中的有关单位自愿组成，并依法登记成立的具有公益性、学术性的法人社团，挂靠中华人民共和国交通运输部，业务主管是中国科学技术协会。学会于1988年加入国际航行学会联合会（英文名称：International Association of Institutes of Navigation 简称IAIN），现有包括各地航海学会在内的179个团体会员和重新登记注册的近4000名个人会员。会员网络覆盖全国航海界及相关领域。全国22个省、市、自治区均有地区航海学会组织。

1979年4月1日，中国航海学会在广州召开成立大会，
李景森作为本次大会的具体经办人在会上发言

中国航海学会建立经过

随着国家经济的发展，1958年毛泽东主席提出了要“建设海

① 引自百度词条。

上铁路”的战略号召。党中央和国务院决定加快发展我国的远洋和沿海海上运输事业，组建我国的自营远洋船队，开辟远洋航线。1961年4月我国远洋客轮“光华”轮首航印尼成功。1962年交通部副部长于眉与一些航运界知名人士在一次会议上，谈到随着我国航运事业的进一步发展，应采取各种有效措施促进我国航海技术的迅速提高，以保证船舶航行安全，而建立航海学会也是当时的一项议题。

“光华”轮

1963年5月1日，在当时台湾海峡还处于战时的紧张状态情况下，我国首次自行建造的万吨级远洋货轮——“跃进”号在首航日本途中，于我国东海发生了触礁事件，影响很大。周恩来总理亲自过问，要求调查事故原因，总结经验教训。国家领

“跃进”号

导、交通部和航海界都感到提高航海技术的重要性和迫切性。国家科委主任聂荣臻元帅指示，在国家科委下增设航海专业组，责成交通部在国家科委制定的《1956—1967年科技发展远景规划》中，增补航海科技发展规划项目。

1964 年5月国家科委在无锡市召开专门讨论会，由与航海有关的各系统的专家参加，讨论如何迅速提高我国航海科学技术水平，保证船舶航行安全，以适应当前形势的需要。全国包括交通、水产、海洋和海军等部门都派出代表参加，李景森作为交通系统的一员，他的老相识周启新则作为交通部派出的代表。会议除了讨论并提出适合各自系统情况的措施和建议外，还讨论通过与各系统皆有关系，带有全国性的建议和措施，其中就有一条，即建立中国航海学会和各地分支机构，以全面推进我国在航海技术方面的水平，并提高全民族的海洋意识。国家科委和统管学会工作的中国科协很快采纳了这一建议，并决定由交通部作为中国航海学会的挂靠和主办单位。交通部接到通知后，就将这一工作交由部属的水运局负责，当时周启新是该局的总工程师，自然成为这项工作的具体负责人。由于他与李景森有着多年的交往，一直在工作上有联系，而且又同是无锡会议上通过的这一提案的发起人。在无锡会议期间，李景森与周启新为建立航海学会一事，进行了深入具体的谈话：从新中国航海事业的起步到面临的困难，又从如何在困境中振兴，再谈到航海学会如何筹办，其架构、组织、功能等等，为以后开展筹建工作奠定了基础。周启新回到北京向上级汇报后，即着手成立“中国航海学会筹备小组”，并设法将李短期借调到交通部，帮助他进行筹建成立中国航海学会的有关工作。“中国航海学会筹备委员会”于1965年底在北京成立。

当时中国航海学会是按“全国分三片，长江一条线”的原则来分设下属机构。长江一条线，即以长江沿线为范围，沿途省份列在其中，名称统一以所在城市名称命名。长江线学会分会设在汉口，所以该学会取名“汉口航海学会”；三片则为北海片、东海片和南海片。北海片包括黑龙江、辽宁、山东、河北四省，因学会分会设在大连，取名“大连航海学会”；东海片包括江苏、浙江、上海、福建，学会分会设在上海，取名“上海航海学会”；南海片包括广东、广西、海南，学会分会设在广州，因此取名“广州航海学会”。

学会采取分级制，即总会、分会、支会。总会在北京，第二级学会即前面所说的“三片一线”，可跨省建立，再往下则可设支会，支会一般设在港口所在地。比如广州航海学会下设的“汕头支会”，设在汕头市，名“汕头航海学会”。

学会由挂靠单位（又称主办单位）和协办单位派人组成，其中挂靠单位在人力、办公场所、设备、出资等方面要承担更多的责任。各主要协办单位也要派出一定的人员参与日常工作，并提供一定的单位会员费用。挂靠单位行政一把手担任学会的理事长，各主要协办单位也要派出一位行政副领导，担任学会副理事长的职务。秘书长由挂靠单位的相关职能部门负责人担任。学会办公室设在挂靠单位，由秘书长具体负责。

中国航海学会筹委会刚开始工作不久，给中国带来十年浩劫的“文化大革命”开始了，全国许多科技、文化管理部门，包括中国科学技术协会（简称“中国科协”）这一统管全国学会的领导单位，都被迫停止工作。中国航海学会筹委会和刚成立不久的下属航海学会，除广州航海学会外也都先后停止了工作，直至十年后“四人帮”被打倒为止。

1978年4月中共中央在北京召开“全国科学大会”后，中国航海学会也于1979年4月在广州召开成立大会。在这里有必要插进一段情况介绍。中国科协恢复工作后，曾派出一个小组到全国各地察看在“四人帮”肆虐期间全国科协系统受害的情况。该小组专门到广州察看在全国科学大会被授予“先进集体”称号的广州航海学会，亲自目睹这个在十年动乱中，始终坚持“组织不散、名称不改、活动不停”，也是当时全国唯一还在正常开展活动的学会的实际工作情况，小组人员无不深受感动。经向上级汇报后，时任中国科协主席的周培源教授赞誉其为“南海一枝花”。

这也是为什么带有全国性质的中国航海学会成立大会选在广州举行的原因。因为当时除广州航海学会外，全国的航海学会包括总会的筹委会，都尚未恢复工作，没有能力和条件去经办这一件大事。所以李景森也只能废寝忘食地尽一切力量，想一切办法去努力完成这一任务。

中国航海学会正式成立后，周启新仍担任领导实际工作的副理事长，李景森也继续经办和参加许多具体工作，所以李景森曾连续三届获选担任中国航海学会常务理事、学术工作委员会副主任委员、船舶驾驶专业委员会副主任委员、顾问等职务。此外，他还曾是广东省科协连续四届常务委员和荣誉委员，并连续三届任广东省政协委员。

总之，李景森就是这样一位愿意为中国航海学会尽其所能努力奋斗，对中国航海学会每一个胜利和成果的取得都会由衷感到自豪和欣慰的会员。

广州航海学会建立经过

根据交通部的指示，交通部广州海运管理局是广州航海学会的挂靠和主办单位，首批协办单位有广州远洋运输公司、广东省航运厅、广东省水产厅、广东省气象局、国家海洋局南海分局和海军南海舰队司令部等单位。当时李景森是广州海运局安全监督室的高级工程师，只有他一人在单独进行有关筹备成立广州航海学会的事宜，一切有关学会的文件和财务等都依靠海运局有关部门代行和代办，尚无成立单独办公室的条件和需要。因此李景森是以学会副秘书长的身份进行工作，秘书长职务则由他所在的安全监督室主任兼任，直至后来各主要协办单位派出的专职工作人员到来，学会工作的日益增多，具备了成立航海学会办公室的需要和条件，此时李景森才正式以副理事长兼秘书长的身份进行工作。李景森根据学会作为一个独立法人单位的要求，准备各类文件，又根据学会的章程，逐一联系各协办单位和众多热心航海事业的业内人士。在交通部和广东省科协的重视下，各主要协办单位都予以大力支持，很快都派出一位行政副领导作为学会的副理事长，并按要求出钱、出力，帮助学会解决许多难题。在这一过程中，李景森靠他对工作的积极性和勤于动脑筋的习惯，以及他在航海界的声誉和广泛的人际关系，得以在很短的时间，通过开展各种活动，很快地具备了成立学会所需要的条件，使广州航海学会于1965年11月就宣告正式成立，成为当时全国最早成立的航海学会。

交通部部长、中国航海学会理事长彭德清（前排左三）与学会学术论文评审专家组在广州

李景森（前排左一）林秉中（前排右一）文干（前排右三）

广州航海学会成立并开展活动的同时，李景森马上着手帮助各地方成立支会，包括汕头支会、湛江支会、梧州支会等。特别值得一提的是成立汕头支会和湛江支会，得到了海军南海舰队副参谋长、广州航海学会副理事长曾泉生将军的大力支持。他出面与当地科协及有关单位进行联系，很快都获得成功。广州航海学会是全国最早成立的航海学会，也是最早有下属支会的航海学会。中国航海学会对广州航海学会积极开展卓有成效的工作给予了充分的肯定，并要求各地向广州航海学会学习，加快筹建航海学会的工作。

1966年上半年，正当广州航海学会热火朝天地开展活动之际，根据已成立的中国航海学会筹委会的安排，组织大连、上海、汉口航海学会的筹备小组南下取经。李景森记得很清楚，在上述几个学会的筹备小组正由李景森带领，前往已开展活动的汕头航海学会参观访问时，中共中央关于开展“文化大革命”的“五一六”通知正好下达，他们便急忙地返回了。一项颇有意义的交流活动就这样匆匆忙忙地结束。

何炳材（中）金孟仁（左）林秉中（右）出席中国航海学会亚太地区海运学术讨论会

在“文化大革命”中坚持活动

正当各航海学会加快筹建和开展工作的时候，一场当时谁也无法预知中国社会将会发生什么的“文化大革命”开始了。原来的一切做法和机构都被否定和冲击。当时被称为“走资本主义道路的当权派”的各级领导成为被冲击对象。原来的生产社会秩序全部陷入混乱。一些组织包括航海学会也被指责为“裴多菲俱乐部”，遭到打击批判，全国各地的学会都陆续停止了活动。

除了具有绝对权威的最高领导人，社会中的每一个个体在历史的大潮中是无能为力的。李景森选择尽可能做好自己的专业工作，不至于被这滚滚潮流所淹没。因为当时船还是要开的，基本的生活用品还是要保证供给的，煤炭要运送，粮食生产地区不均衡也需要通过运输来调配保证。正是在这种情况下，广州航海学会找到了继续活动的理由。“文化大革命”冲击的是“走资本主义道路的当权派”，李景森不算是“当权派”，于是他照做一些与航海安全有关，与社会政治好似无关的事，以他只是一个航海学会秘书长的身份，以刚刚建立起来的航海学会只是群众性组织的理由，千方百计地在可能情况下开展活动。

在“文化大革命”中，有三件事是他记忆深刻的。

第一件是在“文化大革命”开始后，广州航海学会的理事长，也就是学会挂靠单位的局长解莅民同志就被“靠边站”了。其余的几位副理事长由于都是各单位的行政领导，也都被“靠边站”了，这样，学会就成为群龙无首的单位。于是李景森赶紧跑到湛江去找海军南海舰队司令部副参谋长曾泉生同志，他也是学会的副理事长，平时很关心学会工作，同李景森的关系也比较密切，听到李景森的汇报后，同意即去一趟广州，以副理事长的身份到学会看看，以表示航海学会仍有领导在。由于当时部队没有受到“文化大革命”的影响，在社会上威信很高，后来单位实行“军管”时，广州海运局又是由海军负责。这样，广州航海学会就有了强大的后盾。再加上广州航海学会平时很注意组织群众进行有关船舶航行安全的宣传教育活动，得到广大群众的普遍欢迎，有很好的群众基础，所以没有遭到任何“冲击”，得以在平静的环境中照常工作。

第二件是借用当年的社会活动方式开展学会的工作。比如借用当时最时兴的组织毛泽东思想宣传队的政治宣传方式，航海学会跟随潮流组织了一个“广州航海学会毛泽东思想宣传队”，每到一地，就以“毛泽东思想宣传队”的名义开展活动，其实活动的内容都是普及航海安全知识或防火避碰知识。常常会出现这样的情况：港口的那边正在举行大批判或者动员参加狂热的政治活动宣传演出，这边航海学会组织起了航海安全教育专场或播放航海安全科教片。毕竟这些科教片比较专业，配音也好，不像那些演出尽是喊政治口号，所以原来在另一边看大批判或政治宣传的群众，不少都跑到这边来。因为他们觉得这边说的东西对他们更有用，对自己的生命安全更重要。最大规模的一次深入基层的宣传教育活动，是与省水产部门联合组织的“安全航行生产宣传队”巡回宣传，那一次他们马不停蹄地几乎走遍全省沿海、沿江的主要港口和渔区，进行普及航行与渔业生产安全的宣传活动，收到很好的效果，得到广大群众的热烈欢迎。

汕头海门是粤东一个临海的渔村，渔民靠出海捕鱼为生，因为海事活动频繁，海上的气候环境多变，渔船碰损、碰沉的事故在广东最为严重。李景森知道这个情况后，主动与当地取得联系，并在当地海军部队的支持下，成立了一个“汕头航海学会海门小组”，这是一个以当地渔民为主的群众学术性组织。他们在渔民中本着“以老带少”、“以强带弱”的原则，组织学习交流活动，以提高渔民们安全航行和渔业活动的技能和知识，很快就收到立竿见影的效果，海难事故的发生次数明显减少。同时，李景森他们还请当地水产部门的技术干部，比较有系统地向渔民们讲授渔船安全航行和安全捕鱼方面的知识。

活动形式很重要，李景森他们长期与基层打交道，所以深知这一点。学会选择各种群众喜闻乐见的形式，如电影、展览、讲座等。内容方面则注重联系实际，注重针对他们遇到的现实问题，把那些原本空泛枯燥的安全、科学航海知识，变成了与生命相关的，生动活泼可操作的救生知识，渔民们自然学得认真，听得明白，因而记得住，用得上，有效果。他们说：航海安全知识掌握多了，海上事故减少了，死神逃走了！“文化大革命”结束许多年后，在一次会议上，当时曾参加这一活动的老渔民对此还记忆犹新，侃侃而谈当年的活动情况。

第三件是，在文化大革命中，有“干部下放劳动”这么一说，即在省里或城镇机关、事业单位甚至是国有企业的干部，放下本身的工作，下放到农村或建在农村的称之为“干校”的地方去进行体力劳动，目的是通过这样的体力劳动，改造干部的“思想”。李景森虽不是当权派，但也算是国家干部，也下放了一段不长的时间。李景森去“干校”期间，航海学会也就关了门，到他回来之后，才又开始活动。

到了1975年，也是“文化大革命”到了疯狂的时期，广东珠江江面发生了一起两艘客轮相撞沉没的重大海难（史称“八四海难”），死亡人数超过300人，引起中央和省有关领导的高度重视。时任广东省总工会主席、兼主管全省安全的省革委会领导梁广同志，在接见遇难船舶的部分船员并与他们进行座谈时，询问船员们今后应在哪一方面加强工作，以保证船舶安全，众多船员都纷纷提出要加强航海学会工作，因为他们在航海学会进行的保证船舶安全方面的宣传教育活动中，都得益良多。梁广同志听后感到很惊奇，因为他不知道这是什么单位，而且“文化大革命”期间，竟然还有在进行有关文化和技术方面宣传教育活动的单位存在。于是他通知有关部门，召见航海学会的负责人。李景森就有机会在梁广同志面前，汇报航海学会有关的发展历史和当前所存在的问题。梁广同志认真听取汇报后，除了加以肯定外，还告诉李景森，以后遇到困难时，可以直接找他，他会设法帮助学会加以解决。当李景森回去向当时仍挂名为理事长的解莅民同志汇报时，他当即决定要李景森代表他，去向梁广同志提一个请求：“为了使学会有一个更好地开展工作的条件，请梁广同志兼任学会理事长，他本人愿改任副理事长，做具体工作。”梁广同志稍加考虑后，当即答应。梁广同志接任广州航海学会理事长后，只要学会提出有需要他出面的事，他都设法帮助解决。当时的社会处于混乱状态下，学会作为一个社团组织，实属无人管的单位，只要有一个“硬”的领导人，就可以大胆地去做想做的事，不怕有人来打扰，更何况广州航海学会所做的都是群众欢迎的事，所以李景森更可放心大胆地去进行工作。由于梁广同志年事已高，李景森则正当年富力强之时，有些急事需要上门请示，尤其他与李景森一同前去北京开会时，李理所当然地担当随从照顾之责。因此李除了是他家中一位常客，也成为他一位比较熟悉的晚辈。1978年全国科学大会召开后，中国科协也恢复了工作，梁广同志即主动将广州航海学会理事长的职务交回给广州海运局的领导。中国航海学会成立时，梁广同志仍被选为副理事长。

广州航海学会举办“珠江口船舶航行指南”培训班

事后业内纷纷赞赏广州航海学会，即使在“文化大革命”中也能做到“名称不改，组织不散，活动不停”，持续为社会作出有益的贡献。这是所有在极其困难情况下仍坚定支持航海学会工作的领导、群众及有关单位和工作人员共同努力的结果，而其中李景森作为学会具体负责和经办人，也确实功不可没。

编写防台风书籍

在一次由航海学会组织的报告会散会以后，一位海运局船长走到李景森面前连声说：“李秘书长，真是谢谢你们，谢谢你们啊！”

这是怎么回事？

事情发生在1975年，广州海运局的一艘名为“红旗”126号的轮船在航行至菲律宾西北洋面时，遭受7515号台风袭击（当时台风都是按编号发布，不像现在根据国际上台风的统一命名），船舶被困在了台风中心附近。

情况十分紧急，船上货物和设备都出现滑动，船舶处于非常危险的境地，随时有可能沉没。

在无边的大海上，船舶只是其中的一片孤叶，它在远离大陆的地方，在极其恶劣气候条件下，没有任何外部力量可以依仗，救助只能靠自己，靠船员的知识、智慧和勇气。否则只有在自然面前束手就擒，坐以待毙。此时，知识和勇气就是生命。

正在紧张中的“红旗”126轮船员，想起了不久前由广州航海学会编印发放至船舶的两本书：《船舶防台》和《中国沿海船舶防台锚地》。船员们还清楚地记得当时广州航海学会李景森等人，辅导船员们学习防台知识的场景。他们拿出了这两本书，对照现实的灾情，按照书上所提示的方法和步骤，一步一步地执行——可能现在的人们不了解，当时通讯条件、船舶设备及气象预报并不发达。这两本书就成了船员们在台风中自救的“圣经”，成了走出灾难的唯一途径——他们按照书的指引，冷静处理，终于化险为夷，安全走出了台风中心。

事后，船员向广州航海学会表示，多亏他们所编的这两本书，感谢航海学会用知识挽救了他们的生命。

其实，这只是航海学会根据华南作为台风多发频发地区特点而编辑出版的许多科普图书中的两本而已。

他们还编了多种有关航海安全的读物。

为了更通俗地将这些知识普及到更多的渔帆船上的渔民，李景森征得水产部门和广州艺术学院的同意，由他陪同水产方面的技术人员和艺术学院高年级的学生，深入各沿海渔区，总结渔帆船渔民的防台经验，编绘成《渔帆船防台》连环画。该书因图文并茂，通俗易懂，后由全国海上安全指挥部定为沿海帆船渔民必读物，分发到全国沿海各地，发行量达12万册。

事实上广州航海学会从建立一开始，就大力落实防台风工作。华南位于台风多发地，菲律宾每年都会生成或遭遇台风袭击8～10次之多。台风经过菲律宾之后进入南海。1953年华南沿海海运刚恢复不久，就有7～8艘海船遇强烈台风，造成很大损失。为此，广州海运局组织了一批有经验的老船长，制定出一套防台制度，并建立一系列行之有效的防台技术措施。1961年广州远洋船舶开始运营后，也即把防台作为重要的安全工作之一。广州航海学会成立后，立刻组织各方面的技术力量，整合各单位的经验，编写成系统的资料，规范管理制度。自20世纪60年代以来，华南地区的海运、远洋船舶多次遭遇台风，均能安全度过，没有发生严重事故，这和各单位及广州航海学会的有效工作是分不开的。

在“文化大革命”期间，广州航海学会能够出版一批航海科学技术书籍，对促进当时众多船舶在水上的安全航行起到极为有益的作用，这与人民交通出版社领导和工作人员的支持、帮助是分不开的。李景森曾向我们展示当时克服种种困难出版的一本书，它也是前文提到的“红旗”126轮船员用来在台风中脱险的“指导书”之一。这本书的名字叫《船舶防台》，1974年由人民交通出版社出版，我们看到这本书编著者的位置写着“《船舶防台》编写小组”，在第二页“内容提要”之后写着“本书是由广州海运局主办，由广东省航运局、水产局、气象局、广州航海学会、上海海运局、中远广州分公司、上海船舶运输科学研究所、大连海运学院等单位参加集体编写的。”而第三页整版则是四条毛主席语录:“抓革命，促生产，促工作，促战备。”“备战、备荒、为人民”“人类总得不断地总结经验，有所发现，有所发明，有所创造，有所前进。”“在战略上我们要藐视一切敌人，在战术上我们要重视敌人。”

这具有时代特征的编排，其实是时任人民交通出版社社长的胡士翔同志煞费苦心的结果。李景森介绍了当时的情况。那是1973年，正值“文化大革命”高潮时期，要组织出版一本科技书籍是有很多顾忌和担心的。由于李景森之前在人民交通出版社出过很多本书，算是“熟客”了，他就向胡士翔社长谈及广州航海学会拟组织各方面力量，写一本关于帮助船舶防抗台风的书，以及出版此书的必要性。胡社长对此完全赞同，并提出建议：一、不要以个人名义；二、不要以学会名义；三、用多个与船舶有关的单位联合编写的名义出版。

由于广州海运局是广州航海学会的挂靠单位，李景森本身就是广州海运局的一员，所以他就作为广州海运局和广州航海学会的代表，跑遍有关单位，说明情况，邀请他们参加，并请他们各自选派一位该方面的专家参加编写工作，最后由广州航海学会定稿。此书在广州召开定稿会议时，人民交通出版社社长胡士翔和该书责任编辑高镇都① 都亲自到广州参加会议，足见他们对该书出版的重视与支持。正是因为人民交通出版社在当时的困难情况下，不畏风险，积极想方设法，才使《船舶防台》一书得以出版。该书出版后，受到广大船员和有关单位的欢迎，也发挥了其应有的重要作用。

---

① 高镇都，原人民交通出版社社长，已退休。

科普学会

在中国，几乎所有专业学会都是以学术研究为己任，这固然无可厚非，因为行业学会一般的定位就是进行学术研究，解决行业前沿问题。但广州航海学会却多年坚持做航海科技普及。有人说航海学会这是在搞“小儿科”，对此李景森却一笑了之，他有他的想法：学术固然重要，它能解决航海界最高端的问题或者是最迫切的问题。但是我们不能忘了，在中国发展航海事业，目前更需要提高全民的海洋意识，使更多的人热爱大海，了解大海，热爱航海，懂得航海，这是最基本的。作为一个海洋大国，国人海洋意识的觉醒比什么都重要。这是中国航海事业发展的前提。所以，李景森把广州航海学会定位在“既重视学术，也不忽视普及”。

从这一点来说，我觉得李景森的“小儿科”有远见，了不起。

六七十年代，华南的远洋运输和沿海航运发展很快，海员队伍扩大，新人不断增加，船员的培养训练任务很重。航海的科普教育成为不可缺少的一种手段。

李景森认为，航海学会既要注重学术研究，也不能忽视航海科技普及，从某种意义上说，普及更重要。因为没有人了解和热爱大海，进入航海这个行业，要想中国的航海事业获得大发展，把我国建设成海洋大国是不可能的。

普及一方面是面向现有的船舶和船员，另一方面是面向大众尤其是青少年。在普及的形式上，学会利用一切媒体手段及活动形式，还应适合当时的社会条件和注重受众的媒体喜好，以求取得最好的传播效果。在这方面，他们进行了很多尝试，也取得了不错的效果。

电影是当代尤其是20世纪70年代极其重要的媒体，它的受众广泛，通俗易懂。而许多大吨位的船舶一般都配置电影放映机，储备了一些影片，用以解决在长时间航行的船上，海员们的文娱生活问题。据此，李景森想到了利用电影传播航海知识的做法。

然而在计划经济时代，尤其是在“文化大革命”期间，要拍一部影片谈何容易，即使是科教片也不例外，要经过国家及地方有关部门层层审批。不过李景森也聪明地想到，也正是在这个期间，真正想做事的人不多，只要你提议或所做的事名正言顺，符合当时的政治形势，或许就能做到。从这个意义上说，此时正是一个做事的机会。于是他专门跑到北京，先是取得交通部同意，然后获得中央宣传部批准，回到广东又层层跑有关部门，最后获准与珠江电影制片厂联合编拍了《船舶避碰》、《船舶救生》、《油轮安全问答》、《油轮防爆》和《油轮安全管理》等航海科教片，先后于1975年和1976年在全国公开放映，同时由各航运企业配置到了各船，供船舶放映。

重视运用电化手段为船舶安全服务，也得到了会员单位的理解与支持。广州远洋公司船舶跑远洋运输，经常到世界各国包括西方一些发达国家，他们中间的一些有心人想航海学会所想，并为航海学会做事。

李景森谈及航海学会在开展对外学术交流和引进国外资料和影片时，特别提到广州远洋运输公司的卓东明，他说：“卓老总的确堪称航海学会的超级积极分子。他利用他所具备的有利条件，为航海学会开拓对外活动之路。他不但为航海学会邀请外国专家前来广州讲学和做学术交流，还引进国外有关航海的学术资料和电影影片，并为航海学会所主办的刊物《广州航海》招揽国外广告。在70年代，他了解到英国有一家专门从事航海影视教育拍摄制作的公司，生产了一批航海安全教育片，很有针对性也很适合我国安全航行的实际，就到伦敦拜访该公司，并买回来十余套影片，送给了航海学会。”

广州航海学会就是这样与各个会员单位及会员个人形成互动关系，难怪会员觉得航海学会就是一线航海人员的另一个“家”。大家都明白，家的存在是为了一线，一线能为学会做事，其实也是为自己的家做事。

关注一线 服务一线

除了大量的日常航海知识普及和理论研究等工作，广州航海学会还十分敏感地关注航海一线生产情况，时刻注视发生在一线的动态事件，并且利用航海学会这个交流平台，警示各会员单位与航海人员。在李景森的脑海里，每时每刻都无法忘却“跃进”号沉没的悲剧。为了了解航海学会在这方面所做的工作，笔者在广州走访了一批航海界的资深人士，其中不乏享誉中国航海界的航海、海事和救捞专家前辈。

资深中国海事专家林秉中与李景森有几十年的工作交往，彼此了解，他认为李景森非常关心航海人员素质的提高，关注航海一线的生产及安全。他以书面形式向我提供了李景森利用航海学会这个平台和利用航海事故血的教训，对有关单位和个人进行警示和教育，为航运部门安全生产一线服务的几件事：

第一件事是继1963年5月1日我国第一艘国产远洋轮“跃进”号首航日本，在东海的开阔海域触苏岩礁沉没的十年后，1973年10月16日，我国又发生了第二宗远洋货轮“新会”轮在南海的开阔海域触浪花礁的重大海难事故，震动很大。“跃进”号触礁的航行分析报告是两所海军院校的航海教授姚仲良（后任海军广州舰艇学院院长）及陈立教授（海军大连舰艇学院）作的，“新会”轮触礁的航海作业分析报告是我作的，事故原因是船长和大副在航行中，对天文定位及海图作业的一连串错误，本来是个内部分析报告。李景森同志知道后认为两宗重大海难都有同样的教训，是个很好的活教材，值得航海界人员吸取，提出广州航海学会与他所在的单位联合举办公开的宣讲安全教育，广州远洋公司领导也表示赞成。李景森同志陪同我在广州和湛江两地举办了多场学术报告会，不少航海工作者都表示获益匪浅。

第二件事是1976年春，广东沿海数日大雾，2月16日，一天之内四艘外轮在汕尾海面同一地点碰撞，荷兰货轮“士打高雅”号撞沉香港远洋公司的万吨级油轮“南洋”号，广东沿海受大面积油污染。香港益丰公司的货轮“崑山”号撞沉日本货轮“碧洋丸”，船毁人亡。两宗事故涉及碰船责任、油污清理、打捞沉船、人身伤害等复杂海事问题，事故发生在我国领海内，理应实施管辖权，当时我国尚未建立海事法院，由黄埔港监出面代表。荷兰和日本都聘请了多位外国知名海事律师代理诉讼，香港两船公司及英国保赔协会提出要聘请中国律师代理。“文化大革命”后国内律师制度已取消，更无海事专业律师，中远总公司和广东省政府要我以海事律师名义来担此重任，我便成为我国第一个承办国际海事案件的海事律师。结案后，李景森同志又在航海学会组织了多场讲座，交流海事诉讼经验和四艘外轮雾中碰撞教训。事后，本人根据经手的数十宗船舶碰撞案例，写出《船舶碰撞事故的教训和预防》学术论文，李景森同志又立即在学会的学报《广州航海》刊登，并推荐到中国航海学会学报《中国航海》，推动全国各地对船舶碰撞事故研究的开展。

广州航海学会邀请林秉中作学术讲座

另外，李景森同志身在海运，心怀海军，经常对海军院校的航海教育出谋献策。海军广州舰艇学院的两位院长，曾泉生和姚仲良将军，对李都很敬重，还聘请李为“广州海军舰艇学院海员专业训练班”顾问。学院也很支持航海学会的工作，除派学院的航海教授参与航海学会的活动外，还接受广州航海学会的请求，同意将广州航海学会联合各有关部门共同举办的“粤港澳青少年航海夏令营”陆上营地设在该院，并派出教官进行管理和教导。

经向李景森询问这一过程时，他告诉我们，因为海军广州舰艇学院经常邀请他到该院参观和出席一些会议，可以说是军外人士中的“常客”。他看到该院的各种先进航海教学设备和十分优越的实习条件时，感到如果也能利用这些设备和条件，对地方一般船员进行短期的训练，以提高他们的航海技能，那该有多好！于是他就向学院领导提出，能否在保密规定允许的前提下，利用这些教育设备作为教具，举办短期的海员培训班，帮助地方航运部门快速提高船员们的航海技能，以加强军民团结和共同为尽快提高我国航海技术水平而努力的建议。不久就得到学院的同意，在学院内开办“海员专业训练班”，教师由学校教官担任，李景森也被聘为该训练班顾问。

从上可见李景森对航运一线的高度关注，他不仅仅是关注一个单位，更是关注个案对整个行业的安全生产生态的影响，他深深地懂得，案例是最生动、最震撼和最有效的教育。灾难已经发生，这是无法挽回的。但是回避它或者不予总结吸取教训，灾难连最后的价值都丧失了，也就是彻底的灾难。他在外国学习时，学校教育重视个案的分析。现在的MBA教育就是以大量的案例分析进行的，是非常有效的教育方法，而李景森在几十年前就有这个理念，并在学会的运作中使用了。

为建立港澳航海学会不遗余力

1978年，我国开始实行改革开放政策。过去几十年所奉行的计划经济国策以及以阶级斗争为纲的治国方针逐渐改变。国门打开，学会怎么通过自身的条件和特点拓宽思路，为国家的改革开放服务，同时促进与港澳地区甚至台湾地区的经济往来，通过业务互动建立彼此之间的理解和信任，就成为李景森考虑的一个新问题。他十分清楚，港澳台地区海运事业发达，与国际接轨的程度较高，有很多经验值得我们学习和借鉴，而且在航海领域有他当年的许多同学和学生，已经是各自所在行业中的执牛耳者，这是一个很好的客观条件。

时值香港回归前夕，他向中国航海学会提出，利用广州毗邻港澳的条件，与香港航海界建立联络，具体做法是希望促成香港也建立起航海学会。

他的这个想法很快就得到了交通部和中国航海学会的赞同，并指定由时任中国航海学会副理事长的周启新负责此事。这是因为周启新多年从事航海，又曾与董浩云为同学，与董有过交往。董浩云身为世界七大船王之一，拥有一支超过150艘货轮，共计1000万吨的船队，在业界具有很大的影响力。

1982年10月，老上级、老拍档周启新与李景森同赴香港。这两位从1958年就打交道且非常默契的同伴，在这件事上想法高度一致，他们先是找到了当时招商局的总经理袁庚，然后到董浩云先生家拜访。

可惜的是，在两个月前，董浩云老先生突发心脏病不幸去世，希望董先生协助筹办香港航海学会一事也因此不能如愿。

然而事情总是这样，当你期待的一扇门关闭时，往往会有一个窗户为你打开。在港期间，李景森了解到当年在马尾海军学校时的一位比他高几届的陈姓同学，及当年在桐梓时的两位学生正在香港。他们不但与香港各方熟悉，而且还与台湾航海界李景森的同学和学生们有交往。这些同学知道李景森到了香港，就与其取得了联系。这样一来二往，事情就有了眉目。

当时香港还没有回归，往来香港并不容易。为了工作方便，交通部要求广州海运局为李景森办一个能够方便多次往返香港的通行证，当时广州海运管理局在香港注册运营了一家企业——南方航务公司，他被委以董事职务。于是李景森在为公司承担一些顾问业务的同时，有机会继续为筹建香港航海学会做工作。

有了随时进出香港的便利，经过多次的联系与沟通，并通过陈姓同学的关系，他终于与香港理工大学接上了头，李景森与校方谈了利用该校与广州航海学会为香港和广州这两个同为航运发达城市的航海业务展开学术交流，以服务于业界的想法，得到了香港理工大学的积极回应，很快，香港航海学会成立。初成立的香港航海学会集合了一批航海业界人士，包括船长、相关学者、海商法专家等。学会的工作也很快开展。两地的学术交流、香港业界热心人士对大陆的资金援助、群众性的活动得以展开。

与此同时，李景森在有关单位的帮助和指导下，还独自前去澳门，联系组建澳门航海学会。该学会成立后，挂靠在澳门港务局所属的澳门航海学校，该校校长黄超发先生至今每年仍都给李景森寄来贺年卡。随着香港、澳门航海学会工作的开展，也与海峡对岸的台湾取得联系，从而有了以后的频繁交往，找回了多年未曾联系的同学和学生，并且有了共同筹办民国桐梓海校陈列馆的动议、组织和实施。

组织粤港澳青少年航海夏令营活动

香港、澳门航海学会成立后，好几个夏天，香港、广州的市民都会看见一群150人左右，操着粤语，穿着清新校服的青少年。他们是参加粤港澳青少年航海夏令营的三地青少年。他们从香港登船出发，经过维多利亚港，一直驶往广州。船上欢声笑语，彩旗飘飘。这是由广州航海学会与香港、澳门共同组织的活动，旨在培养三地青少年海洋意识，加强三地相互间往来，建立爱国情怀。夏令营香港地区具体是由香港新华社出面组织，因为当时香港还没有正式回归，彭定康还是“港督”。三地的航海学会前期有效的工作，无疑是做好这些活动的基础。

粤港澳青少年航海夏令营开营

李景森记得，当时广州海运局提供“红棉”号客轮作为夏令营的专用船，当左右两舷挂着“热烈祝贺粤港澳青少年航海夏令营开营”的横幅，船尾飘着鲜艳的五星红旗，载着参加夏令营的港澳学生，驶过香港闹市中心的维多利亚湾时，引起岸边无数市民和中外游客的关注和惊诧，使在场的众多港澳同胞感到光荣和自豪，并报以热烈的掌声。

接送粤港澳青少年夏令营的红棉轮在香港维多利亚港

青少年天生就有对大自然的向往，有探索大自然奥秘的欲望。能够在船上任由海风吹拂，破浪前进，征服海洋，是何等浪漫！这群操着粤语的青少年当然不例外。看着他们洋溢着渴望和满足的表情，李景森心里感到了安慰。因为这使李景森仿佛听到了，有一颗种子悄悄在他们心底发芽的声音。这棵种子就是对海洋热爱的种子。

经过几个小时的航行，船到达广州。

李景森把他们带到了广州最早的海上丝绸之路出发点——黄埔港参观、听讲解，让他们在珠江上游历，看着珠江两岸的美景。

李景森对这批青少年航海夏令营的行程安排可谓用心良苦。他安排他们游历珠江两岸虎门林则徐纪念馆、黄埔军校，然后让他们住在广州海军舰艇学院，由人民解放军海军学院官兵对其进行管理，除了参观活动以外，由官兵给学生们讲课，观摩舰艇设备，使同学们大开眼界。

几天下来，青少年们始终沉浸在兴奋和欢乐之中。他们说，这次如此有特色的海上活动，将是他们一辈子都难以忘却的记忆。

类似活动李景森这些年几乎每年都会组织。对此，李景森表示：

“我相信我们组织这些活动是有意义的，因为参与活动的是青少年。他们年轻，亲身的经历会给他们的人生留下极其深刻的印象。我自己就有这样的经验：我从小在大海边长大，13岁考入与海有关的海军学校，开始直接接触大海，那个年纪一切都是新鲜的，尤其是对大海有一种既爱又怕的感觉，一旦接触了，海的印象就会印在大脑里，海的无边无际，海的蔚蓝，海鸟翻飞，给人的辽阔与深沉，包容与征服，这种超越了陆地的神奇，给了我年轻的生命无限的想象，这种感觉是在陆地上无法获得的，也是终生难忘的。我所以要组织青少年航海夏令营，就是要在青少年心目中种下对大海印象的种子，培养他们对大海的感情。一个国家蓝色的未来，靠的是未来的人，青少年就是我们的未来，是我们海洋大国、强国的未来。”

联谊海外　筹资科研

香港航海学会建立并开展与广州航海学会的业务交流往来开始频密，其影响也日益扩大。这对促进两地的航海事业起到了很好的作用。

在筹建香港航海学会期间，李景森认识了香港航海界的一位资深海商法专家杨良宜先生，由于杨先生一直在香港这个国际航海业务比较发达的地方工作，而香港又是一个与世界接轨程度很高的地方，李景森觉得他的很多经验对我们刚刚走上轨道的航海业务很有借鉴，而他对学会的工作又十分热心。就提出由他为广州航海学会举办海商法方面的讲座，主讲国际海商法律和案例分析，他二话不说即答应下来。就这样，杨良宜先生每月一次往来广州与香港，连续两年不间断，所有交通及住宿费用都自己承担，也不收一分钱的讲课费，完全以“志愿者”的身份出现。

香港海商法专家杨良宜先生在广州进行学术交流

后来，得知杨良宜先生对内地的几家航海院校如大连海运学院和上海海运学院都有资助，李景森的心中一直藏有一个愿望，就是把广州航海学会的图书馆办好，充实其中的藏书。李景森知道有一套由英国出版的《国际海商法》（十多万元一套，分几十册），他觉得这套书对广州航海界十分有用，航海学会这么一个带有航海专业学术性质的机构应当拥有。于是他“厚着脸皮”向杨先生提出，希望能捐资并代为购买，结果如愿。

再后来，为了促进航海理论研究、奖励优秀研究成果，李景森又再一次向杨良宜先生提议，希望建立广州航海学会杨良宜奖励基金，用以奖励有贡献的航海理论研究成果，杨良宜先生于是又捐资20万元港币。当时的港币币值比较高，这笔钱对当时市场机制还不完备，经济还很窘迫的航海科研界而言，是一个很有效调动积极性的手段。到现在还发挥着作用。

学会注重航海知识普及的同时，没有放弃它的另一项本业——开展学术活动，提高行业解决实际问题的科研水平。他认为，没有科研的引领，行业是没有前途，甚至是难以为继的。他利用学会主办的《广州航海》期刊推动科研，关注一线的实践经验总结，并运用筹集到的奖励资金，定期评议和奖励有贡献的优秀科研成果，有效推动了广州航海界的技术和管理的进步。

李景森具有航海业务的国际视野，对航海及船舶领域的新技术极其敏感，并以积极组织推广为己任。当年广州远洋运输公司船技处翻译杨师兰给笔者提供的一份书面采访答问介绍，广州航海学会较早就曾组织过可能是改革开放后比较早的，一个大型的与国外交流的“世界航运和造船形势展望”学术报告会。

杨师兰写道：

世界著名的船舶舱盖板制造商国际麦基嘉（Macgregor）公司旗下，拥有32家公司，各国远洋船舶的舱盖板绝大部分都是使用该公司的产品。麦基嘉公司总裁亨利·科默曼先生（Mr.Henry Kumerman）是一位非常有远见的企业家，他于1945年成立麦基嘉公司，在随后的35年间，他在世界各主要的造船国家开办公司。至1980年，他在全世界共设立了32家公司。科默曼先生一直想开拓中国市场，早在1972年他就来中国访问，由于当时中国正处于

“文化大革命”，未能成功。

1979年，中国刚刚实行改革开放政策，他即组织一个庞大的技术和商务代表团访问中国，和中国造船总公司签订了授权中国造船总公司使用麦基嘉的专利，在中国生产麦基嘉的舱盖板，并和中国远洋运输公司签订在上海和广州分公司设立舱盖板维修服务站。1980年中远上海和广州有关技术人员在英国、荷兰和法国接受几个月的技术培训后，经过一段时间的筹备，1981年5月中旬，中远麦基嘉两个维修服务站正式开业。科默曼先生以73岁高龄亲自从法国巴黎飞到广州，主持黄埔维修服务站的开业。他在来之前给广远船技处发来电传，希望能借此机会向广州航运界、造船界作一个关于“世界航运和造船形势展望”的报告会。广远船技处卓东明处长派我去和航海学会的李景森秘书长联系，希望李秘书长能出面组织广州的航运界、造船界有关人员出席报告会，得到李秘书长的大力支持。他亲自联系和组织了除广远之外的广州海运局、广东省航运厅、文冲船厂、广州船厂、船检局、广东造船协会属下有关单位共80多人，于1981年5月16日上午在广东省科学馆204室，出席科默曼先生的报告会。看到那么多广州航运界和造船界的专业技术人员出席报告会，科默曼先生非常激动。

十年“文化大革命”期间，我国的航运界和造船界与国外同行的交流几乎完全中断，我们对于世界航运的新形势、对于造船的新技术了解很少，这次报告会为大家提供了一次学习的好机会。这是改革开放初期广州航运界、造船界和国外交流的一次盛会，与会者都对李景森秘书长组织这次报告会表示衷心的感谢。

现在举办一个中外学术交流报告会肯定不是什么新鲜的事，甚至可能每天都在发生。但在33年前，却无疑需要有较前瞻的行业眼光和勇气。这一点李景森做到了。

李景森（左二）与来华讲学的国际航运协会副主席、联邦德国著名教授马丁·哈格博士（左三）在广州航海学会门前合影

1990年，李景森（左二）与瑞典专家在广州航海学会举办的ALFA-LAVAL学术交流会上

对于航海学会的工作成效，会员的反映是最好的证明。

广州救捞局的吴昌世是一位80多岁的老船长，他向笔者回忆当年参加航海学会成立大会的情况：

“在学会成立的大会上，来自北京的科技部副部长说了这么一段话：‘不要小看学会这个群众团体，非政府机构。在美国，要搞什么大工程，都要征求行业协会或类似的专业学会的意见，否则不作决定’。我至今都记得非常清晰，也证明对我的震撼。要知道，当时我国的现实是一切以行政权力为中心，只有行政权力才有决策权，这种说法可以说是‘离经叛道’的，不像现在社会开放了，世界上许多好的管理经验可以宣传引入和借鉴。事实是，航海学会在李景森的领导下，一直实践着这一理念。”

吴昌世老船长还告诉我：

“作为基层的一位船长，我的内心有两个家，一个是我所在的行政单位，它管我的行政事务，安排我具体工作，给我发工资，分配房子给我住，管我休假等所有生活上的事情。还有一个家就是航海学会，它对我的专业业务进行指导，不断拓宽我的航海视野和专业水平，给我不断补充专业知识和胆量及勇气。是啊，在茫茫大海上航行，几十名船员及价值不菲的船的命运就掌握在船长手上。航线怎么走，什么时候有风浪，一旦遇上了风浪怎么应对，海上有多少事情要处理啊，作为一名刚刚走上岗位的年轻船长，航海学会及时举办的各类讲座，为我解决了很多问题，如怎样避碰，怎么预防台风，船上防火要注意什么，这些问题都是学会讲课的内容。我发现他们每次举办的讲座，都恰好是我们想要解决的问题。比如到了台风季节前，就举办防台的讲座。

1986年，李景森（右一）代表中国航海学会在桂林主持召开“中日航海学会学术交流会”

我记忆最深的是学会定期组织的各类讲座，为我们提供了许多宝贵的学习机会。邀请来的都是海事方面的中外专家，这对于我们这些刚刚走上船舶领导岗位的人来说不但及时，更让我们大开眼界。许多专家是我们景仰的人物，能聆听他们的面对面教导，一生难忘。

航海学会还办了一本航海专业杂志《广州航海》，这本杂志对各会员单位特别是一线的船员影响极大。几乎所有航海一线的管理人员都人手一份。在当时出版物十分稀缺的情况下，这本杂志显得尤其珍贵。为什么这么说呢？因为这本书总是能及时地发表一些指导我们业务的文章，而写文章的人大多是一线的既有实践经验又有理论知识的人员。当然也有不少是纯理论性的研究。他们会把在实际工作中遇到的问题及思考、研究解决的办法写成文章，供大家学习和参考。也有不少是世界航海理论及实践的动态信息，作用挺大的。那个时候习惯说领袖的语录是精神粮食，我觉得这本杂志倒有点像是我们业务上的‘粮食’。我觉得，航海学会有意识办这样一本杂志，并且能做到理论联系实际，理论研究有分量，解决实际问题又有办法，那么受欢迎，在当时是很不简单的，可以说是为我国的航海事业立下了一大功劳。”

李景森在广州航海学会阅览室查阅资料

吴船长的说辞代表了航海一线许多技术管理干部的心声。

这个工作是有效的，虽然这个效果好像看不见。

现年85岁的吴昌世老先生还告诉我一些数据，这些数据回答了学会的工作效果：

“在20世纪60年代以后，（‘文化大革命’期间除外）我国轮船航行在南海海域发生的事故不多，相反地国外在华南航行的海轮出事的却不少。如1966年冬，挪威货轮撞上担杠岛沉没；东星轮撞上了硇洲岛；一艘印尼货轮在南鹏岛附近搁浅，其目的港是香港，竟把南鹏岛当作佳蓬列岛，船位误差近100海里；1971年一艘装载煤炭的古巴籍越南万吨货轮在海南海域北水道沉没。

在抗击台风方面，由于我们根据南海的气候及多年的经验，学会总结其规律并编印成书，发至单位各轮船，出事的概率也比外国轮船要低。如1969年7月28日，当16级台风袭击汕头时，我国在汕头的6艘船都安全度过台风的袭击，但在汕头的5艘外轮却有一艘货轮触礁沉没，另一艘大型客货轮‘金华号’严重搁浅，经华南打捞队的努力将沉船捞起，客轮才得以出浅复航。”

广州航海学会大楼

20世纪80年代期间，广州航海学会随着业务日益扩大，参加学会活动的人数不断增多，建立一个专门供学会开展活动的场所既是学会工作的需要，也是各有关单位和广大航海人员的普遍要求，于是筹建学会大楼就成为摆在学会面前的大课题。

兴建大楼，困难重重，要把大楼建在利于开展学会工作的理想位置，更是难上加难。后来任广东省科协学会部部长的周新宇，在介绍李景森的文章中，对当时情况有这样的描写：“李景森凭着自己‘铜的头、铁的嘴、橡皮肚子飞毛腿’东奔西跑，‘南征北战’，终于得到包括交通部部长和广东省省长在内的领导的支持和帮助，大功告成”。①

① 摘自《广东科协通讯》1991年第4期《大海的呼唤》。

批准立项和报建等关键问题得到解决后，在各方面特别是广州海运局领导的支持和各有关部门以及沙面管理部门的大力协助下，一年多后，一座面积近2000平方米、高达四层的广州航海学会大楼在广州市的“黄金地带”沙面建立起来。

1986年10月22日，中国航海学会理事长彭德清（中）、广东省省长梁灵光（右）参加广州航海学会大楼落成揭幕式并剪彩（左为李景森）

值得一说的是，该大楼位于广州的黄金宝地——沙面，正处于珠江著名的白鹅潭上，交通便利，环境优雅，风景优美。大楼的外形壮观，正门旁外墙上同时镶有铜制的中文会名和英文会名，以适应开展国际间学术交流的需要。为了凸显学会的航海特征，营造浓厚的航海气氛，当年李景森跑遍广州几家造船厂，选择大小和式样适合的船用铁锚，作为船厂送给学会大楼建成的贺礼，竖立在大楼门口。近三十年过去了，铁锚依然坚实挺立，学会大楼就象珠江边一艘永不沉没的舰船。

大楼内布置整洁、美观，每层楼梯转弯处的整幅墙上，都装上了整片的镜子，这些镜子也是香港几家大型船务公司作为祝贺大楼落成而赠送的礼品。大楼结构非常适合学会开展有关活动的需要，设有办公室、会议室、专家接待室、学术讨论室和宽大的报告厅，厅内还装有可使大厅一分为二的活动拉门，以适应参加活动人数不同的需要。此外，还有一个小型图书馆，为广大与航海有关的读者提供阅读和学习航海知识、参阅各种所需资料的条件，得到很高的评价。

像这样外表壮观、环境优美、规模巨大、设施齐全，专供学会工作和进行各种学术活动专用大楼，当时不但是全国各省所仅有，连港澳台和许多外国专家、学者看过和使用过后，也都认为，作为一个群众性的学术组织——学会，竟然能拥有如此规模、设施和科学管理水平的会所，是他们从未见过和听说过的，无不为之赞叹和羡慕。后来任广东省科协学会部部长的周新宇，在介绍李景森的文章中这样写道："广州航海学会大楼的建成，在全国学会史上写下了光辉的一页，广州航海学会成为学会之林中的阔佬，连香港、台湾和国外同类学会也为之羡慕不已，广东的学会干部称之为超级学会。”①

位于广州沙面的广州航海学会大楼

中国科协也认为这是全国学会所仅有，除加以赞许外，还多次将广州航海学会作为全国性会议的会议地点，让全国其他学会有机会到广州航海学会参观和实际观察。中国科协书记刘恕向同志，还曾亲自到广州航海学会主持会议，并向刚退休不久的李景森赠送纪念品，以表彰他多年对学会工作所作出的贡献。对此，李景森除表示感谢外，却认为，这是广州航海学会给了他能够为我国航海事业尽自己一份力的机会，他应该向广州航海学会表示感谢，并致以深切的敬意。

---

① 摘自《广东科协通讯》1991年第4期《大海的呼唤》。

中国科协在广州航海学会举办“全国地方科协学会部工作座谈会”

一生中最光荣的一件事

在本书的最后，记录李景森讲述自己感到一生中最光荣的一件事：

“我感到自己一生中最光荣的事，就是有幸参加1978年由党中央主持召开的全国科学大会，亲耳聆听了敬爱的邓小平同志的讲话，并参加有邓小平同志在场的全体会议代表的合影。

粉碎‘四人帮’后，国家百废待兴。1978年3月，中共中央、国务院在北京召开全国科学大会，我非常荣幸地作为一名广东省的代表参加了这次大会。大会由时任党中央主席的华国锋同志主持，时任中共中央副主席、国务院副总理的邓小平同志在大会开幕式上发表了重要讲话，明确指出‘四个现代化，关键是科学技术的现代化’。‘文化大革命’中，‘四人帮’为达到篡党夺权的目的，极力贬低科学技术的价值和知识分子在国家建设中的作用，鼓吹‘知识越多越反动’、‘科学技术无用论’，把进行科教、技术研究诬蔑为走“白专道路”，知识分子也被叫作“臭老九”（在当时所谓的地、富、反、坏、右、叛徒、特务、走资派之后排第九），其中很多人被强加上‘莫须有’的罪名遭到迫害……当时我们参会的这些代表对‘四人帮’的倒行逆施都是深恶痛绝，在这样的情况下，当听到邓小平同志在讲话中那些拨乱反正的阐述，以及对科学、对知识、对知识分子的肯定时，无不百感交加，都觉得是讲到我们心里去了，特别的亲切。我还记得当时的情景：邓小平同志在台上讲话，台下‘鸦雀无声’，每个人都聚精会神，屏气聆听，生怕错过一个字，一句话。我当然也不例外，我清楚地记得邓小平同志当时所说的最重要的三句话：一是‘科学技术是第一生产力’；二是‘知识分子是工人阶级的一部分’；三是‘我愿意当科技工作的后勤部长’。讲话结束时，热烈掌声长久不息。

由于在十年动乱中，广州航海学会是全国唯一能够做到‘组织不散、名称不改、活动不停’的学会，被大会授予‘在我国科学技术工作中作出重大贡献的先

1978年，广州航海学会荣获全国科学大会颁发奖状

进集体’予以表彰和颁发奖状，还被安排在某一个分组，由我代表广州航海学会作情况介绍的报告。当时全国许多报刊都在显著版面，介绍了广州航海学会。”

尾声

2013年12月底，我们的采访已接近尾声。中国的冬至佳节及西方的圣诞节将至，节日的气氛很浓。李景森高兴地告诉我两件事：一件是不久前中国中央电视台第四频道《走遍中国》栏目对他进行了连续两天的采访，主题是关于南海的历史和现实，他作为当年代表中国政府收复西沙群岛的见证人和亲历者之一进行述说；第二件事是，他刚刚接受中国航海学会委托的交通运输部电视声像中心的采访录像，为2014年4月中国航海学会表彰颁发“中国航海学会终身成就荣誉称号”作准备。我觉得，李景森享有这一荣誉是当之无愧的。

早在1991李景森满70岁退休后，广东省科协学会部部长周新宇同志就在《广东科协通讯》上发表一篇题为《大海的呼唤》的文章，介绍李景森数十年来对航海和对学会所作出的贡献，该文刊登后不久，又被全国性刊物《学会》所转载。2011年7月，在北京出版的《看历史》杂志，以及2012年9月，同是在北京出版的《中国人物传记》杂志，都以专题记载了李景森亲历收复我国南海西沙群岛的过程。

而在2013年，对于李景森来说，他还不知不觉完成了一项工作，就是接受了崔永元《口述历史》节目组的采访，成为至今被收录的4000人之中的一个。《口述历史》作为一个具有历史责任感、眼光和高度，追求真实记录历史的栏目，他的被收录显然说明了他个人的经历在中国现代历史中的意义。

为了一个梦想，奋斗了八十载，且从不放弃，从不犹疑。这就是李景森。

在这本书将要结束时，我们努力思考和总结李景森的这个梦想。

他的梦想到底是什么？有哪些内容？

——在他蒙昧初开之时，目睹的是国家被侵略，人民受欺凌，日本人在中国的领土上横行，他所在的福州市内的闽江上，飘着的是日寇军舰上的日本国旗。那时他的理想是捍卫祖国的领土领海的完整。于是他毅然报考海军学校，成为一名海军军人；

——祖国解放以后，他知道只有唤醒了全民的海洋意识，有了大批爱海的专业人才，才能成为海洋大国，强国，于是他投入了航海教育，这时他的理想是振兴新中国的航海教育事业；

——后来因时因势，他到了航运企业，任广州海运局教育委员会副主任和培训中心主任。这时他的理想是振兴中国的航运事业，为国家的航海实务出力；

——后来，他又到了航海学会，围绕着海，他的工作面更大了，从群众工作到专业服务，从航海实践到理论研究，这时他的梦想是航海事业大发展，海军实力大提高，船舰海上航行安全有保障，中国从海洋大国成为海洋强国；

而不论岗位在那里，他时刻未敢忘却的始终是大海，祖国辽阔蔚蓝美丽的南海，它的和平与发展，它的安全与完整……

值得李景森欣慰的是，这些梦想正逐步展现在他面前：

——今天的中国与80年前的中国相比，早已换了天地。曾经任人宰割的那一片南海疆域岛礁，虽然还有不少被外族占领，但中国正在还原历史，西沙、南沙的管辖和建设已经走上轨道；当年那个海上战力孱弱任人欺凌的中国，已然成为一个东方的大国，海军实力已跻身世界前五的位置，甲午之耻，江阴之辱，已成过去。

——在远洋及内河运输及远洋捕捞、救助、海上石油勘探等实力上，也有了长足的进步。中国拥有了世界最大的远洋及海运船队，全民的海洋意识也大有提高，国家与民众对海洋的向往与关注到达了前所未有的程度。

——他所梦想的航海教育的发展，也越来越与国家的海洋战略相匹配，航海大院校布局日趋合理完整，一大批具有国际视野与专业能力的航海专业人才脱颖而出。特别让他感到兴奋的是，他多少年来一直呼吁国家在广州设立至少一所航海大学，终于得以实现，就在2013年10月，广东航海专科学校被批准升格为广州航海学院，他还被邀请出席并讲话，勉励教师学子。

——而李景森晚年全力去做的两件事，一件是全心投入的航海学会事业，已经开花结果，成为航海界信息交换和促进航海事业发展的一个不可或缺的平台；他具有远见的修复在桐梓的中华民国海军学校旧址的动议也已成为事实，这不仅仅是一个历史旧址，一个中国海洋梦的发源地之一，它还承担着沟通两岸，唤起民族情感的作用，它的历史功绩将在以后的历史中发光。

——更使李景森高兴的是，他从80年前就开始做的一个梦，建成一个航海强国的梦，已然成为国家战略的重要部分，梦想的实现有了最为重要的基础。现实和他的梦想从来没有像今天那么接近。最近，当李景森看到国务院总理李克强同志于2014年3月5

日在全国人民代表大会上所做的《政府工作报告》中，有这样一段话："海洋是我们宝贵的蓝色国土，要坚持陆海空统筹，全面实施海洋战略，发展海洋经济，保护海洋环境，坚决维护国家海洋权益，大力建设海洋强国。"连续读了几遍后，他更加相信，把中国从目前的海洋大国变成为海洋强国的中国梦一定可以得到实现，因此感到无比的欢欣与鼓舞。

2013年12月李景森接受中央电视台国际频道采访，谈当年收复西沙永兴岛的情况

在本书的写作进入尾声时，我在中国海运集团总公司主办的《海运报》上读到一篇记录李景森的长篇通讯《心系大海的世纪老人》，这是他的所在单位对这位老人长期奉献的一个总结，也是对老人整个人生的肯定。报道最后一段这样写道：

"许多年前，曾有报界的朋友为他设计了另类的人生，说是如果当年他追随国民党，后来很可能是高官厚禄，但他没有；新中国成立以后，他又放弃了仕途经济，投身航海教育；改革开放后，他再次放弃了全家出国的机会。是什么吸引他留在这里？是祖国的大海，是他毕生都在为之不懈努力的祖国的海洋事业！……

是的，这就是我们中华民族老一辈的知识分子，他们放弃安逸舒适的生活，视国家和民族的利益高于一切，将个人的前途与国家民族的发展紧紧联系在一起。李景森便是这一代的优秀知识分子的缩影，淡泊名利，两袖清风，心态安然。经历了现代中国的海洋发展史，见证了中国海洋事业的荣辱兴衰，仍壮心不已，如今，李景森的中国梦是海洋强国之梦……"

"两袖清风，淡泊名利，心态安然。"

很准确的性格定位，很高的人生评价。

然而淡泊与安然之外，始终放不下的是他的海洋情怀，他一生不变的梦想。

这是一个伟大的梦想，几代人的梦想。

如果要给这个梦一种颜色，我想应该是——

辽阔大海的颜色。

一种很美，很美的。

蓝色。

附录1：

《开罗宣言》全文

（1943年12月1日）

罗斯福总统、蒋介石委员长、丘吉尔首相、偕同各该国军事与外交顾问人员，在北非举行会议，业已完毕，兹发表概括声明如下：

三国军事方面人员关于今后对日作战计划，已获得一致意见，我三大盟国决心以不松弛之压力从海陆空各方面加诸残暴之敌人，此项压力已经在增长之中。我三大盟国此次进行战争之目的，在于制止及惩罚日本之侵略，三国绝不为自己图利，亦无拓展疆土之意思。三国之宗旨，在剥夺日本自从一九一四年第一次世界大战开始后在太平洋上所夺得或占领的一切岛屿；在使日本所窃取于中国之领土，例如东北四省（注：指黑龙江、吉林、辽宁和热河、即满洲国）、台湾、澎湖群岛，归还中华民国；其他日本以武力或贪欲所攫取之土地，亦务将日本驱逐出境；我三大盟国稔知朝鲜人民所受之奴隶待遇，决定在相当时期，使朝鲜自由与独立。根据以上所认定之各项目标，并与其他对日作战之同盟国目标相一致，我三大盟国将坚忍进行其重大而长期之战争，以获得日本之无条件投降。

附录2：

《波茨坦公告》全文

（1945年7月26日）

一、余等：美国总统、中国国民政府主席及英国首相，代表余等亿万国民，业经合商，并同意对日本应予以一切机会，以结束此次战事。

二、美国、英国及中国之庞大陆海空部队，业已增强多倍。其由西方调来之军队及空军，即将予日本以最后之打击，彼等之武力受所有联合国之决心之支持及鼓励，对日作战，不至其停止抵抗不止。

三、德国无效果及无意识抵抗全世界激起之自由人之力量，所得之结果，彰彰在前，可为日本人民之殷鉴。此种力量当其对付抵抗之纳粹时不得不将德国人民全体之土地、工业及其生活方式摧残殆尽。但现在集中对待日本之力量则较之更为庞大，不可衡量。吾等之军力，加以吾人之坚决意志为后盾，若予以全部实施，必将使日本军队完全毁灭，无可逃避，而日本之本土亦必将终归全部残毁。

四、现时业已到来，日本必须决定一途，其将继续受其一意孤行，计算错误，使日本帝国已陷于毁灭之境之军人之统制，抑或走向理智之路。

五、以下为吾人之条件，吾人决不更改，亦无其他另一方式。犹豫迁延，更为吾人所不容许。

六、欺骗及错误领导日本人民使其妄欲征服世界之威权及势力，必须永久剔除。盖吾人坚持非将负责之穷兵黩武主义驱出世界，则和平安全及正义之新秩序势不可能。

七、直至如此之新秩序成立时，及直至日本制造战争之力量业已毁灭，有确定可信之证据时，日本领土经盟国之指定，必须占领，俾吾人在此陈述之基本目的得以完成。

八、《开罗宣言》之条件必须实施，而日本之主权必将限于本州、北海道、九州、四国及吾人所决定其他小岛之内。

九、日本军队在完全解除武装以后，将被允许返其家乡，得有和平及生活之机会。

十、吾人无意奴役日本民族或消灭其国家，但对于战罪人犯，包括虐待吾人俘虏在内，将处以法律之制裁，日本政府必须将阻止日本人民民主趋势之复兴及增强之所有障碍予以消除，言论、宗教及思想自由以及对于基本人权之重视必须成立。

十一、日本将被允许维持其经济所必须及可以偿付货物赔款之工业，但可以使其获得原料，以别于统制原料，日本最后参加国际贸易关系当可准许。

十二、上述目的达到及依据日本人民自由表示之意志成立一倾向和平及负责之政府后，同盟国占领军队当即撤退。

十三、吾人通告日本政府立即宣布所有日本武装部队无条件投降，并以此种行为之诚意予以适当之各项保证。除此一途，日本即将迅速完全毁灭。

附录3：

《南海各方行为宣言》全文

（2002年11月4日）

中华人民共和国和东盟各成员国政府，重申各方决心巩固和发展各国人民和政府之间业已存在的友谊与合作，以促进面向21世纪睦邻互信伙伴关系；认识到为增进本地区的和平、稳定、经济发展与繁荣，中国和东盟有必要促进南海地区和平、友好与和谐的环境；承诺促进1997年中华人民共和国与东盟成员国国家元首或政府首脑会晤《联合声明》所确立的原则和目标；希望为和平与永久解决有关国家间的分歧和争议创造有利条件。谨发表如下宣言：

一、各方重申以《联合国宪章》宗旨和原则、1982年《联合国海洋法公约》、《东南亚友好合作条约》、和平共处五项原则以及其它公认的国际法原则作为处理国家间关系的基本准则。

二、各方承诺根据上述原则，在平等和相互尊重的基础上，探讨建立信任的途径。

三、各方重申尊重并承诺，包括1982年《联合国海洋法公约》在内的公认的国际法原则所规定的在南海的航行及飞越自由。

四、有关各方承诺根据公认的国际法原则，包括1982年《联合国海洋法公约》，由直接有关的主权国家通过友好磋商和谈判，以和平方式解决它们的领土和管辖权争议，而不诉诸武力或以武力相威胁。

五、各方承诺保持自我克制，不采取使争议复杂化、扩大化和影响和平与稳定的行动，包括不在现无人居住的岛、礁、滩、沙或其他自然构造上采取居住的行动，并以建设性的方式处理它们的分歧。

在和平解决它们的领土和管辖权争议之前，有关各方承诺本着合作与谅解的精神，努力寻求各种途径建立相互信任，包括：

（一）在各方国防及军队官员之间开展适当的对话和交换意见；

（二）保证对处于危险境地的所有公民予以公正和人道的待遇；

（三）在自愿基础上向其它有关各方通报即将举行的联合军事演习；

（四）在自愿基础上相互通报有关情况。

六、在全面和永久解决争议之前，有关各方可探讨或开展合作，可包括以下领域：

（一）海洋环保；

（二）海洋科学研究；

（三）海上航行和交通安全；

（四）搜寻与救助；

（五）打击跨国犯罪，包括但不限于打击毒品走私、海盗和海上武装抢劫以及军火走私。在具体实施之前，有关各方应就双边及多边合作的模式、范围和地点取得一致意见。

七、有关各方愿通过各方同意的模式，就有关问题继续进行磋商和对话，包括对遵守本宣言问题举行定期磋商，以增进睦邻友好关系和提高透明度，创造和谐、相互理解与合作，推动以和平方式解决彼此间争议。

八、各方承诺尊重本宣言的条款并采取与宣言相一致的行动。

九、各方鼓励其他国家尊重本宣言所包含的原则。

十、有关各方重申制定南海行为准则将进一步促进本地区和平与稳定，并同意在各方协商一致的基础上，朝最终达成该目标而努力。

本宣言于2002年11月4日在柬埔寨王国金边签署。

签署人：

中华人民共和国外交部副部长兼特使　王毅

文莱达鲁萨兰国外交大臣　穆罕默德·博尔基亚

柬埔寨王国外交大臣　贺南洪

印度尼西亚共和国外长　维拉尤达

老挝人民民主共和国副总理兼外长　宋沙瓦

马来西亚外长　赛义德·哈米德

缅甸联邦外长　吴温昂

菲律宾共和国外长　布拉斯·奥普莱

新加坡共和国外长　S·贾古玛

泰王国外长　素拉杰·沙田泰

越南社会主义共和国外长　阮怡年

附录4：

海军救国论

刘和谦

物竞天择，弱肉强食，适者生，反是者灭，已成公例矣。

世界风云日紧，战争烽火益炽，在此环境中，若能生存屹立于世界中，舍武力为何耶？

盖一国之兴衰，在观乎其军备之完陋，军备即海陆空三军防是也。今日之战争，盖由所谓平面战争而转立体战，更由所谓持久战而幻变闪电战，然此咸不可舍海军于不建，乃立奏奇功也。

夫国防之卫也，必有其领空领陆之制权，若任何一权控制于敌，则其国危矣！况战时耶？更况我临海国之中华耶？

试观今日之中华，其海防若何？沿海尽被封锁，海权操纵敌手，其故何耶？盖因中华传统不重海军，而政府之失策，与夫国民见解之错误也。

或云："抗战久矣，海军之功何在？"此庸夫之言耳，殊不知我海军亦正担负有救国之命耳，如沿江之封锁防卫，水雷之攻敌，此莫大之功者也，何谓海军之无功。而不可救国耶？此与耳食何异哉！

由是观之，海军建设，实汲汲焉刻不容缓者也！当今日也，海军盖可救国，救国亦端赖乎海军，吾人更应献身海军，建设坚韧大无畏之海防，增强海军救国力量，发挥海军救国功能，为我海军救国之先锋焉！

民国三十年十一月考

刘和谦　取之十四岁海军新生

后　　记

能够为一位历经沧桑与辉煌，见证近代中国海上力量从薄弱受欺凌、海疆被侵占，到奋起抗争图强、收复领海的整个过程，而且还身体力行投身海军、投身航海教育、投身航海学会，年已九旬的老者李景森作传，于我无疑是一项既艰难却又荣幸的工作。现在这本书终于付梓，作为执笔者，立项采访写作过程的一些情况与感触，我不能不说。

该书的立项完全是由于航海界老前辈卓东明的坚定提议及不懈坚持，并打通各方面关系才得以完成，他不但是新中国航海事业的最早参与者之一，远洋运输领域的技术专家，还是一位对新中国航海史自觉承担责任并有深入研究，同时身体力行，奔走于各海运院校、航海企业，进行呕心沥血传播的资深专家和客座教授。他以中国远洋运输总公司总工程师身份退休后，更是将全副精力投入到整理、写作有关中国航海历史及事件、人物的工作上，虽年过八旬，却仍然不辞劳累四处奔走。今年五月，由于南海再次受到周边国家的侵扰，国人对南海的关注热度日增，他想起了老朋友、老校友李景森。李景森是当年作为“永兴”舰副舰长带领先头部队执行收复任务，第一个登上“永兴岛”的人，又曾巡航南沙群岛，登上过“太平岛”，是二战后我国收复南海诸岛屿的亲历者与见证人。卓东明以他宣传家的敏感，认定这是一个应该写的题材。

确定做这本书以后，卓东明即赴美国探亲半年。在这半年期间，他仍然以坚定的意志随时给我们指导，利用互联网一章一章对稿子进行审阅修改。在我们遇到困难的时候，他更是鼓励我们不要放弃。在2013年11月底，他刚刚回国还没有倒过来时差，就安排与我们见面，听取近一段工作进展情况，并即刻安排采访对象。同时，他不断地寻求广东航海企业及出版社方面的支持，可以说，没有卓东明坚定有效的组织，这本书是不可能完成的。

李景森一直在广州工作和生活，广东航海事业历史悠久，在国内应算发达，这里集合了一大批航海相关企业，李景森的许多同事、学生和航海学会众多会员都在这个城市，这为本书的采访写作提供了方便。为了更好地开展工作，卓东明找到了中远属下的广东中远船务，并组织起了由广东中远船务在职及退休、原广远航海安全监督方面的资深人士组成的编委会，研究选题，确定工作方案，组织开展采访及联系出版部门，并开始采访写作。中远广东船务十分重视落实此事，党委书记李明昕特指定原广东中远船务副总经理刘逊生及企业文化主管彭新启负责跟进。他们为采访和出版等许多方面提供了便利。

历经沧桑，一直低调处事的李景森，对我们以他为主角写一本书，一直采取谦虚的态度进行合作。严格来说，他希望写一本有关南海有史以来就属于我们中国的书，而他只作为一个亲历者和见证者，成为书的构成部分。在该书采访到大半的时候，他曾想过放弃。他觉得自己其实是一个平凡的人，不像陈绍宽等在中国的海洋事业中有过巨大的影响，不配作为这么重大题材的主角。直到本书送给他审阅时，依然保持低调，说自己不过是一个普通人，只是有机会遇到一些特殊的事件，成为该事件的在场见证人而已。

事实是，了解他的人都知道，这几十年他一直以埋头工作、兢兢业业、讲求实效著称。他以民族利益为个人行为的出发点与归宿，从不计较个人的得失，即使遇到困难，也能将个人的困难化为中国海洋事业服务的力量。这就是李景森这些年所选择的。

在甲午战争120年后的2014年，本书进入审稿时，93岁高龄的李景森，坚持力求真实还原历史事实的严肃态度，在春节后的一个多月时间里，日以继夜地对书稿进行逐字逐句斟酌，并亲自修改、订正，甚至重写了其中的部分内容，足以见其一贯的严谨、负责和认真，而其高度的敬业精神和顽强毅力，也令人肃然起敬。

不仅如此，更让我觉得欣喜的是，还有一大批与李景森同时代的老一辈航海人，他们不但提供了许多宝贵的材料，丰富了本书的内容，还从更宽广的角度解读本书的意义，全力促成本书的按计划进行。他们是新中国远洋事业开创的参与者卓东明，新中国早期的海上救捞专家、船长吴世昌，新中国早期资深的海事专家、第一位海事律师、享受国家政府津贴的林秉中先生等。他们虽然年事已高、退休多年，但依然全心牵挂着海洋事业，从各自不同的角度，为国家的海洋事业出力。

我特别想在此记录的，是李代文老先生在本书写作过程的热心协助及贡献，也作为我对他的怀念。

李代文是李景森的老同事、老校友。在2013年6月赴美探亲半年的时间里，卓东明将他介绍给我们。在远洋宾馆我们第一次见面，当时他已90岁高龄，李代文先生十分热心地告诉我，他与李景森共同在航海学会工作过一段时间，知道广州航海学会的一些事，愿意向我们提供材料。我把已经写好的部分书稿给他看。我知道他是在十分认真地看了初稿，给我充分的肯定和鼓励以后，不久就提供了有关航海学会情况的提纲。

在短暂的几次交流中，我看到他的正义与满腔热忱。他对航海事业的耿耿热爱，对历史的是非分明态度，对现实社会不公正现象的义愤，给我留下了深刻的印象。最后一次与他见面，他还把两本珍贵的《碧海同舟——民国海军赴美赴英受训接舰纪实》及《增补资料集》给我参考。

2013年9月上旬，在我正准备约时间进一步采访李代文老先生时，他说最近患了感冒，正在看病，等好了就安排时间谈，还说9月下旬要回四川老家看看。但在9月21日，我正在韶关南雄，却接到了吴昌世老先生的电话，他告诉我："李代文老先生在昨天去世了！是因为感冒后引发肺炎并发，造成心肺功能衰竭，最后不治。"我大为惊愕，立即想起李代文老先生上月还带着我到一位当年与李景森同到迈阿密接船的罗老先生家去采访一事，感慨世事无常，人生难料，他的去世实在突然！当时他还带着我一起爬楼梯上房改房八楼，可仅过了不到十天，他却远去了！

2103年12月19日，曾经为中国航海事业奋斗工作半个世纪的四位老前辈李景森、卓东明、林秉中和吴昌世，约定在广州远洋宾馆三楼风帆厅聚会。我作为本书作者，有机会在这次聚会中，向他们报告本书的进展，并进一步听取他们的意见。这是2013年广州最寒冷的一天。为了接受我的采访，也为了他们难得的一次聚会，他们分别从广州各个位置赶来。我们约定的时间是上午九点，刚刚到九点整，卓东明、林秉中来了，只见他们两人脚步略显缓慢地走出电梯，在广东特有的钻心寒冷中冻得鼻子通红，清清的鼻水往下流，脸上冻得青一块紫一块。又过了一会，李景森也到了。只见他们三人均下意识地搓着手，擦着脸，以促进冰冷脸部血液的循环，驱走寒冷。原来他们分别来自广州三个不同方位。林秉中从城市西面二十多公里的金沙洲，于早上6点多就坐公交车赶来，那里当时是广州的一个交通死角，只有一条高架桥，地铁尚未开通。在路上他花了两个多小时。李景森则说，原来想坐出租车，等不到只能挤公交车而来。卓东明则干脆就是走路而来。这一幕让我感动，要知道，他们中年龄最小的也已经85岁以上，其中李景森已是93岁高龄了。我发现他们见了面，彼此似乎并不太激动，但从他们的眼神中，我却能感受得到他们平静的外表下，内心火一样的热情，和他们彼此之间不需要语言的深深的情谊，更感受到他们为了钟爱的海洋事业的高度热忱。我知道，他们希望把这本书的采写出版，作为为中国航海事业做的一件有益于后代的事，因为李景森的经历就是过去几十年中国航海历史的一个切面和缩影。航海人不能忘记过去，李景森的经历，也是他们这一代航海人的共同经历，是他们大半辈子为之奋斗的事业，是他们此生不渝、终生不忘的理想。

我还想说的是，在本书初稿写出来后直至第六稿，编委会各成员都参与其中，并提出许多修改意见，尤其是卓东明及林秉中先生。因为他们与李景森交往多年，互相熟悉，而且对过去的那一段共同经历了如指掌，都有很深厚的专业造诣，加之均有相当的文字功力，可以说，本书是在他们的逐字逐句斟酌中改出来的。刘逊生作为原广东中远船务的副总经理，不但提出了许多建设性的意见，还为联系采访对象及编委会各方，起到了不可替代的作用。彭新启作为现任广东中远船务的企业文化主管，担当了不少具体事务，尤其是在确定了由人民交通出版社股份有限公司出版本书后的具体合同事务，以及整理图片资料方面。

我们还要特别感谢中远集团新闻媒体中心对我们的支持和帮助，他们从这本书稿编写的开始，就参与了相关的策划，使整个编写和出版工作能一直顺利进行。

另外，因我于1971年被分配到广州远洋航修站（即现在的广东中远船务），从一个钳工做起，直到担任厂办公室主任后，调到广播电台工作，我在船厂度过了毕生难忘的20年青春岁月。我无法忘却当年还是一片滩涂的广州黄埔双沙尾，在我们手里建成了一个现在年产值达25亿的大型现代船舶修造企业的那一段艰苦而值得回味的日日夜夜。我更忘不了因为这段经历，使我有了以海为题材创作的一批海洋文学作品，并从此走上创作道路。多年来由作家出版社、花城出版社、四川文艺出版社等出版了诗集多本，并获得了广东省新人新作奖、广州文艺奖等，更于后来成为中国作家协会会员。与海与船的二十多年交往与感情，使我一直有一个愿望，就是希望能为这段经历多留下一些真实的记录。现在有机会做这一本纪实性的书，正好还了我的一个心愿。

我自觉笔力不逮，但我还是希望借这本书，寄托我所投入的真诚及对海洋的热爱，表达我对新中国第一代航海人的由衷敬意。

潘健生

2014年3月于广州